Karl Stückler

DER MOST

Gärmost und Süßmost

4. Auflage

LEOPOLD STOCKER VERLAG

Umschlaggestaltung: Josef + Maria, Josef Rauch Werbe-, Marketing-, Beratungsgesellschaft m. b. H., A-8010 Graz
Umschlagfoto: Grete Kulmer, Sepp Kaltenegger
Fotos und Grafiken: Karl Stückler

Der Autor:
Karl Stückler, geboren 1964 in Wiener Neustadt; Matura an der Höheren Bundeslehranstalt für alpenländische Landwirtschaft in Raumberg (1984); Besuch des Bundesseminars für landwirtschaftliches Bildungs- und Förderungswesen in Wien-Ober St. Veit; seit 1986 ist der Autor als Landwirtschaftslehrer im Niederösterreichischen Landesdienst tätig – nach einem Dienstjahr an der Bäuerlichen Berufsschule in Groß Gerungs wechselte er an die Landwirtschaftliche Fachschule in Warth. Sein berufliches Aufgabengebiet erstreckt sich auf die Beratungs- Lehr, Labor- und Kurstätigkeit im Bereich der Obstverarbeitung.

ISBN 3-7020-0645-1

Druck: Gorenjski tisk, Kranj, Slowenien

Inhaltsverzeichnis

Vorwort

Most erfreut sich immer größerer Beliebtheit. Als durstlöschendes, alkoholarmes und vor allem harmonisch schmeckendes Getränk mit gebietstypischen Eigenschaften findet der Most immer mehr Freunde.
Dieser positive Trend kann aber nur dann ausgeschöpft werden, wenn beste Qualität erzeugt wird. Dafür ist aber wiederum entsprechendes Fachwissen notwendig.
Im Rahmen meiner Beratungs-, Kurs- und Lehrtätigkeit konnte ich feststellen, daß ein großer Bedarf an Fachliteratur zu diesem Thema besteht.
Mein Ziel war es, ein leicht verständliches Buch zu schreiben, welches gut gegliedert ist und alle Punkte enthält, die für die fachlich richtige Gär- und Süßmostproduktion von Wichtigkeit sind.
Die einzelnen Kapitel, welche in diesem Buch dargestellt werden, sind nach dem Produktionsablauf geordnet. Es wurde auch versucht, grundlegendes theoretisches Wissen einfach und ausreichend darzustellen, so daß der Leser entsprechende Hintergrundinformationen und Begründungen erhält.
Dieses Buch soll sowohl dem Eigenversorger mit Most als auch dem, der aus seiner Mostproduktion einen eigenen Betriebszweig aufgebaut hat, Antwort geben.
Gutes Gelingen wünscht der Verfasser!

Warth, Herbst 1992 *Karl Stückler*

Einleitung

Das Ziel des Produzenten muß es sein, ein bekömmliches, qualitativ hochwertiges und vor allem ein stabiles Getränk in entsprechender Verpackung herzustellen. Um dieses Ziel zu erreichen, ist es notwendig, sich mit vier Problemkreisen auseinanderzusetzen:

1. Wissen um das Produkt Most
2. Hygiene
3. Produktionstechnik
4. Aufmachung und Präsentation

Nur dann, wenn Wissen, Sauberkeit, Produktionstechnik und Marketing in einem klaren Verhältnis zueinander stehen, wird es möglich sein, sein Produkt zu einem entsprechend guten Preis verkaufen zu können.
Im Vergleich zu Traubenwein ist es beim Obstmost schwieriger, diesen Anforderungen gerecht zu werden, da beim Traubenwein der Alkoholgehalt um die üblichen 12 Vol.-% liegt, Most enthält nur ca. die Hälfte davon.
Dieser Umstand verursacht Schwierigkeiten bei der Erzielung eines stabilen Produktes. Alkohol ist bekannterweise ein Konservierungsstoff.
Der Hygiene kommt daher während des gesamten Erzeugungsablaufes besondere Bedeutung zu, da Obstmost aus dem oben genannten Grund nur sehr schwache „Abwehrkraft“ gegen schädliche Mikroorganismen hat. Infektionen können jederzeit eintreten und das Getränk verderben. Nur aus einem reifen, gesunden und sauberen Ausgangsmaterial ist es möglich, ein gutes Endprodukt herzustellen. Es muß daher Ziel sein, die im Obst enthaltene Natürlichkeit, Frische, Gesundheit und Fruchtigkeit durch die Verarbeitung möglichst zu erhalten.
Der Konsument will in Zukunft nicht mehr essen und trinken, sondern **besser** essen und trinken. Das bedeutet, daß **höchste Qualität** verlangt wird. Wir erreichen das aber nur, indem wir noch besser erzeugen, noch besser anbieten und präsentieren.
Diese Broschüre soll helfen, diesem Ziel einen Schritt näher zu kommen.

I. Kellereinrichtung

1. Allgemeines

Die Rahmenbedingungen, unter denen produziert wird, wirken sich naturgemäß stark auf die Qualität des Endproduktes aus. Sie sind neben dem Wissen und der Hygiene eine der „Qualitätssäulen".

Die Ausstattung eines Kellers muß nicht immer dem neuesten technischen Stand entsprechen. Saubere, gutfunktionierende Altgeräte erfüllen auch ihren Dienst. Da immer im Hinblick auf Kosten-Nutzen-Rechnung gearbeitet werden muß, sind Gebrauchtkäufe aus Weinkellereien oft sehr sinnvoll.

Bei einigen Bereichen darf aber nicht gespart werden. Dies gilt vor allem für den Platzbedarf, d. h. für die Räumlichkeiten. Preßhaus, Keller und Lagerräume müssen, um einen reibungslosen arbeitswirtschaftlich guten Ablauf zu garantieren, ausreichend vorhanden sein.

2. Das Preßhaus

Preßhaus und Keller bilden eine Einheit. Ihre Lage zueinander soll so sein, daß Transportwege einfach und kurz sind. Bei Flaschenfüllern ist das Preßhaus meist auch Abfüll- und Manipulationsraum. Größere Betriebe sollten Preß- und Füllraum trennen. Zu groß ist ein Preßhaus nie!

Bei der Einrichtung eines Preßhauses ist auf den arbeitswirtschaftlichen Ablauf zu achten.

Es ist immer die Frage zu stellen: „Wie geht es schneller und einfacher?"

Allgemeine Anforderungen:

* Druckwasseranschlüsse
* Elektrische Anschlüsse, abgestimmt auf die Anschlußwerte der Maschinen
* Boden, betoniert mit 2% Gefälle zum Abfluß
* Seitenwände, mindestens 2 m hoch, abwaschbar
* Arbeitsgerechte Beleuchtung

Preßraum

3. Der Keller

Allgemeine Anforderungen

* Temperatur: 10° C ± 2° C. Damit durch das Betreten des Kellers sich dieser nicht erwärmt, müssen Doppeltüren vorhanden sein, die mindestens 1 m voneinander entfernt sind.
* Feuchtigkeit: Bei Holzfässern 70 bis 80% relative Luftfeuchtigkeit – für Tanks und Zisternen soll es möglichst trocken sein.
* Lüftung: Obstmost nimmt leicht Fremdgerüche auf, weshalb ständige Reinigung und Lüftung des Kellers äußerst wichtig sind.
* Kellerboden: Für Holzfässer genügt ein betonierter Mittelgang; unter den Fässern sollte gewachsener Boden mit Kies überdeckt sein.
  Für alle anderen Faßbauarten muß der Boden betoniert sein mit einem Gefälle von 2% zum Abfluß.
* Wasseranschlüsse

Gut ausgestatteter Mostkeller mit unterschiedlichen Faßbauarten

* Stromanschlüsse: 380 V und 220 V, auf genügend Anschlußmöglichkeiten achten.
* Entlüftungsgebläse: Wird der Lagerkeller auch als Gärkeller verwendet, sollte aus Sicherheitsgründen auch ein Kellerentlüftungsgebläse vorhanden sein, damit die Gärgase abgeführt werden können.

II. Die häusliche Gärmostbereitung

Kurzübersicht

Obst nur gesundes reifes Obst verwenden

Waschen jedes zur Verarbeitung gelangende Obst muß gewaschen werden

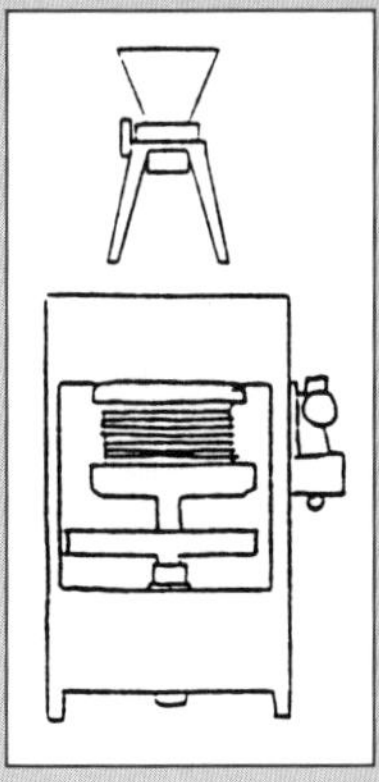

Pressen rasch Pressen; Gärbehälter in kurzer Zeit füllen; Presse täglich waschen;

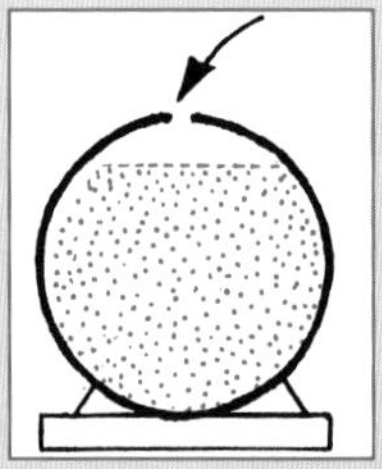

Preßsaft-behandlung Zucker und Säure messen – bei Bedarf korrigieren; Reinzuchthefe beigeben;

Gärbehälter zu 90% füllen; mit Gärspund verschließen;
Gärtemperatur: 15 bis 18° C

Umfüllen nach beendeter Gärung den vergorenen Most in einen sauberen Behälter umfüllen;
das Hefegeläger wird zurückgelassen;
den neuen Behälter vollfüllen;
Zugabe von 1 dag Kaliumpyrosulfit (Schwefel) pro 100 l;
Nachdem sich der Most geklärt hat, kann ein zweites Mal umgefüllt werden;
das Umfüllen hat ohne Luftberührung zu erfolgen;

1. Das Obst

* Bei der Erzeugung von Gärmost kommt der Rohstoffauswahl große Bedeutung zu. Je nach Gebiet wird mehr Birnen- oder Apfelmost erzeugt. Reine Birnenmoste sind säureärmer. Apfelmoste hingegen sind kräftiger in der Farbe und auch säurereicher. Bei einem Verhältnis von ⅓ Birnen mit ⅔ Äpfel pendelt sich das für die Harmonie des Geschmackes verantwortliche Säure-Zucker-Verhältnis ideal ein.
* Neben dem typischen Mostobst eignet sich auch Tafelobst, sofern es nicht zuwenig Säure aufweist, zur Gärmostbereitung. Interessante Geschmacksrichtungen können durch sortenreine Moste aus Tafelobst (z. B.: Gloster, Idared, McIntosh) hergestellt werden.
* Der Transport und die Lagerung dürfen nicht in Kunststoffsäcken erfolgen, da das Obst darin nicht atmen kann. Es beginnt sich darin innerhalb kürzester Zeit zu zersetzen. Durch diesen Zersetzungsprozeß sinkt der Säuregehalt des Obstes. Obst soll daher nur kurz in Jutesäcken oder lose gelagert werden.

2. Waschen, Sortierung

* Bevor das Obst gemahlen wird, muß es gewaschen und sortiert werden. Schon ein geringer Anteil angefaultes Obst beeinflußt den Geschmack und die Haltbarkeit sehr. Am einfachsten läßt sich das Obst in einem mit Wasser gefüllten Trog reinigen. Mit einem Korb kann das Obst herausgeholt werden. Schmutz und Fremdkörper (Steine) bleiben zurück.

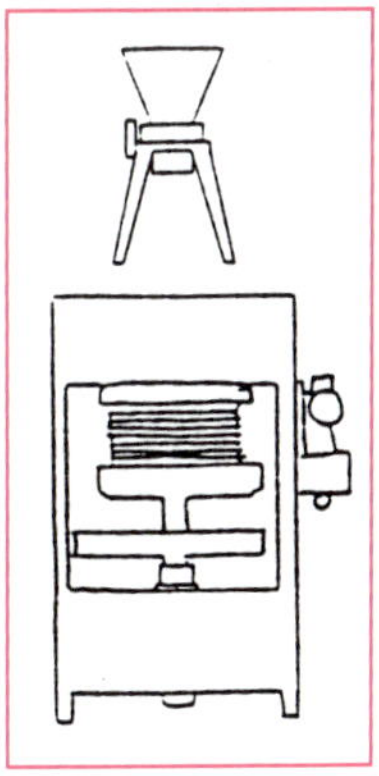

3. Maischen und Pressen

* Das Maischen hat die Aufgabe, die Zellwände zu zerstören, so daß der Saft besser ablaufen kann. Die Feinheit der Maische ist so an der Mühle einzustellen, daß die Kerne noch nicht zerschlagen werden. Die Maische soll rasch weiterverarbeitet werden, um Infektionen durch Bakterien zu vermeiden.

* Sowohl Maische als auch Preßsaft und später der vergorene Most dürfen nicht mit Eisenteilen in Berührung kommen, es sei denn, sie sind mit lebensmittelechter Farbe gestrichen.
* Für den Hobbymosterzeuger kommen drei Preßsysteme in Frage:
  Korbpressen
  Packpressen
  Hydropressen (Näheres dazu, siehe Kapitel „Preßsysteme")

4. Preßsaftbehandlung (Preßsafteinstellung)

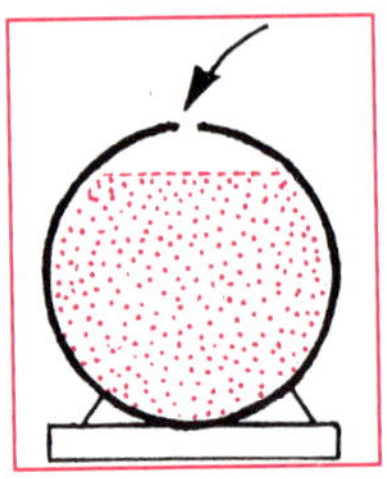

* Ausschlaggebend für die Harmonie eines Gärmostes ist das Zucker:Säure-Verhältnis des Preßsaftes. Wird reifes, gesundes Obst im entsprechenden Mischungsverhältnis (Äpfel zu Birnen) verarbeitet, kommt es selten zu Problemen. Zur Sicherheit sollte aber sowohl der Zucker- als auch der Säuregehalt im noch nicht angegorenen Preßsaft gemessen werden. Wenn es notwendig ist, können Korrekturen dieser Werte durchgeführt werden. (Näheres, siehe Kapitel „Preßsaftuntersuchung")
* Um Gärmost bester Qualität erzeugen zu können, spielt neben dem Ausgangsmaterial auch der Ablauf der Gärung eine entscheidende Rolle. Es wird eine zügige, reine und vollkommene Gärung verlangt. Um dies zu erreichen, bedarf es der Zugabe von 10–20 g Trockenreinzuchthefe pro 100 l (Gebrauchsanweisung beachten), welche im einschlägigen Fachhandel erhältlich ist.
* Das früher übliche „Wässern" des Preßsaftes ist zu unterlassen, da dadurch die vorhandenen Inhaltsstoffe verdünnt werden. Der Gärmost neigt dann eher zum Zähwerden und somit zum Verderben.

5. Die Gärführung

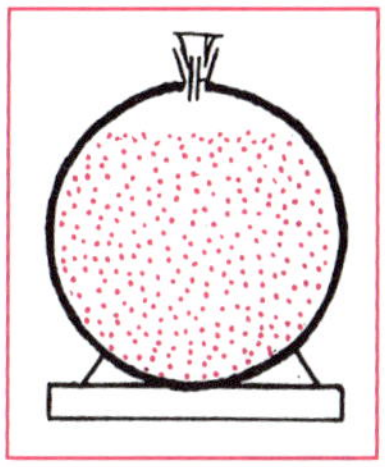

* Der Gärbehälter soll rasch (innerhalb eines Tages) gefüllt werden, wobei ein Steigraum von 1/10 des Faßinhaltes frei bleiben soll. Dieser Freiraum ist notwendig, damit der durch die Gärung gebildete Schaum nicht austreten kann. Dieser Schaum würde sich ansonsten an der Faßaußenwand bzw. am Kellerboden zu zersetzen beginnen. Es entsteht Essigsäure. Diese entstandene Essigsäure würde wiederum den Faßinhalt infizieren.
* Das Faß wird mit einem Gärspund verschlossen. Dieser läßt die Gärgase austreten – Sauerstoff und Krankheitserreger können nicht ins Faß. Der Gärspund kann mit einer speziellen Sperrflüssigkeit oder auch mit Wasser gefüllt werden (muß dann aber alle 7 Tage gewechselt werden).
* Hefen benötigen, damit sie rasch arbeiten können, eine Temperatur von 15 bis 20° C. Unter 10° C besteht die Gefahr, daß die Gärung stockt.
  (Näheres, siehe Kapitel „Gärung“)

6. Das Umfüllen (Abziehen)

* Während der Gärung wandelt die Hefe den vorhandenen Zukker in Alkohol um. Ist die Gärung beendet und somit auch der gesamte Zucker verarbeitet, so beginnt die Hefe mangels Nährstoffen abzusterben. Die abgestorbene Hefe sinkt nieder – es bildet sich am Faßboden ein „Geläger“. Bleibt der vergorene Most auf diesen abgestorbenen Hefezellen liegen, tritt ein Abbau der Säure ein. Der Most wird im Geschmack fad und neigt zum Zähwerden.

Daher: **Nach beendeter Gärung ist der Most umzuziehen!**

* Bei dieser Gelegenheit ist eine leichte Schwefelung (1 Säckchen Kaliumpyrosulfit pro 100 l) zu geben, da dadurch die Neigung zum „Brechen des Mostes“ und somit zum Verderb unterbunden wird.
* Ein zu geringer Säuregehalt kann ebenfalls zu diesem Zeitpunkt mittels Zitronensäure aufgebessert werden.
  (Näheres, siehe Kapitel „Säureaufbesserung“)

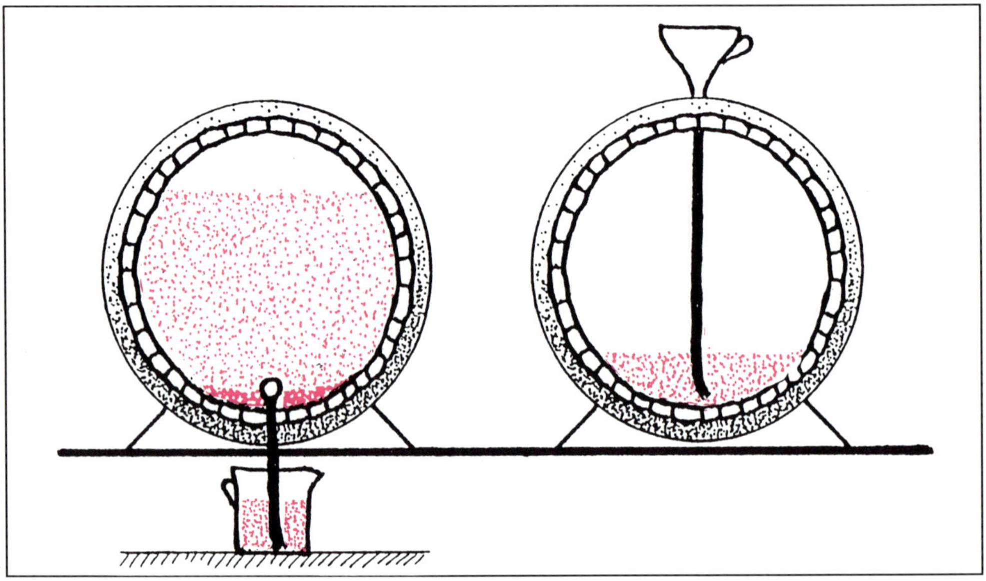

* Das neue Faß ist spundvoll zu füllen. Eine ständige Überwachung des Mostes hinsichtlich Säuregehalt ist anzuraten. Verluste durch Schwund sind zu ersetzen. Beim Abzug von einem in das andere Faß darf der Gärmost nicht mit Luft in Berührung kommen. Steht dazu keine geeignete Weinpumpe zur Verfügung, so ist mittels Kübel und Schlauch, der bis auf den Faßboden reicht, umzuziehen.

III. Die Gärmostbereitung des Profi

Schema: Gärmostbereitung

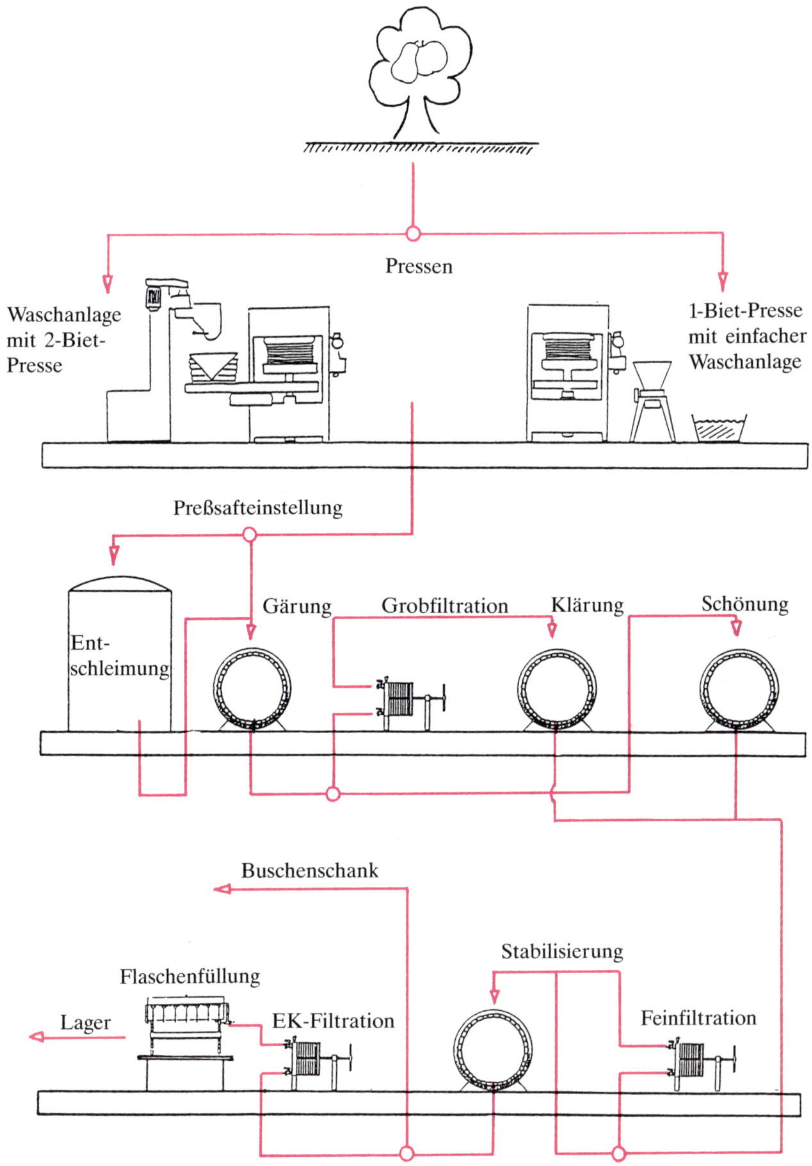

1. Das Obst – die Sortierung

Vollkommene Obstreife, hoher Zuckergehalt und Extraktgehalt, entsprechende Inhaltsstoffe und harmonische Säure bestimmen neben der Verarbeitungstechnik die Qualität eines Obstmostes.

Beeinflußt werden diese „inneren Werte“ durch:

* Standort des Obstes
* Sorte
* Wetterlage im Vegetationsjahr
* Zeitpunkt der Ernte

Durch eine falsche oder mangelhafte Gärvorbereitung und Gärführung sowie Lager- und Ausbaubehandlung können wir diese positiven Werte nicht nützen. Gesundes reifes Obst in Verbindung mit gewissenhafter Kellertechnik führen zum Ziel.
Faules, unreifes Obst darf nicht zur Verarbeitung gelangen. Ein wie oft übliches Ausschneiden von Faulstellen ist zu unterlassen. Nicht nur, daß es eine Arbeitskraft erfordert, die anderswo (beim Sortieren) besser verwendet werden könnte, sondern auch der Erfolg ist sehr fraglich, da eine Faulstelle immer nur der sichtbare Teil ist. In Wirklichkeit ist bereits die gesamte Frucht befallen. Merkbar wird dies aber meist erst im vergorenen Getränk, wo dann die Harmonie des Geschmackes nicht mehr gegeben ist.

Der Sortierung ist größtes Augenmerk zu schenken!

Gerade bei der Produktion von Obstmost ist auf die Sauberkeit von Mensch, Obst und Gerät besonders zu achten. Kleine Fehler am Beginn der langen Arbeitskette können sich zu großen Problemen bis hin zum Verderb des Produktes auswachsen.

2. Das Waschen des Obstes

Das gesamte Obst ist unbedingt zu waschen, gleichgültig ob es vom Acker oder von der Wiese stammt. Eine Unzahl an Mikroorganismen haftet an der Oberfläche. Diese können Fehlgärungen verursachen, die nur mehr sehr schwer zu behandeln sind.

Ein einfacher Trog dient hier als Waschanlage – das Obst wird anschließend nochmals abgespült

Schmutzteilchen werden ebenfalls entfernt, die ansonsten im Preßsaft gelöst werden würden. Mit einem einfachen Bottich ist dieses Problem leicht zu lösen. Während des Waschvorganges kann das Obst nochmals aussortiert werden, und Fremdkörper können entfernt werden. Aber auch große vollautomatische Waschanlagen mit Rührwerk, Förderinrichtung und meist auch aufgebauter Obstfräse werden angeboten. Entscheiden wird letztendlich die zu verarbeitende Obstmenge bzw. die personelle Situation.

3. Das Maischen

Durch das Zerkleinern des Preßobstes soll das Zellgewebe so gut wie möglich zerstört werden, damit der Preßsaft besser austreten kann. Verwendung finden hauptsächlich Rätz-, Schleuder- oder Schabermühlen mit oder ohne Zwangsvorschub. Sämtliche mit der Maische in Berührung kommende Metallteile müssen aus rostfreiem Stahl sein bzw. mit lebensmittelechter Farbe gestrichen sein.
Die Maischefeinheit muß einstellbar sein. Sie soll gerade so fein sein, daß Kerne nicht zerschlagen werden.

Vollautomatische Waschanlage mit Zwei-Biet-Packpresse

Grundsatz:

Je unreifer das Obst → desto feiner muß die Maische sein
Je reifer das Obst → desto gröber kann die Maische sein

Durch das Maischen der Früchte werden diese nicht nur zerkleinert, sondern es werden auch wichtige Nebeneffekte ausgelöst. Die Fruchtfleischzellen werden zum Teil von Pektinstoffen, einer „Kittsubstanz", zusammengehalten, bzw. die Zellwände bestehen daraus. Mechanisch lassen sich diese Pektine nicht zerreißen oder auflösen. Durch die Zerkleinerung beginnt das in jeder Fruchtart enthaltene pektinspaltende Enzym Pektinase zu arbeiten. Dadurch wird die Maische dünnflüssiger und leichter bearbeitbar (näheres, siehe „Enzyme").

3.1 Die Maischebehandlung

Die durch die Mühle gewonnene Maische kann entweder sofort weiterverarbeitet oder zwecks Verbesserung der Aufschließung behandelt werden.

3.1.1 Enzymierung

Durch den Zusatz von pektinspaltenden Enzymen wird die Viskosität der Maische erniedrigt, so daß die **Ausbeute erhöht** und die **Preßzeit verkürzt** wird. Weiters kommt es in der Folge im Preßsaft zu einem **rascheren Absetzen des Trubes** und somit zu einer rascheren Preßsaftklärung. Die optimalen Einsatzbedingungen für diese Enzyme sind jedoch so schwer zu erfüllen, daß die praktische Verwirklichung nur für Betriebe möglich ist, die eine entsprechende Ausstattung aufweisen (näheres, siehe Kapitel „Enzyme“).

3.1.2 Stehenlassen der Maische

Läßt man Maische über längere Zeit stehen, so kann man beobachten, daß sich am Maischebottichboden Saft sammelt. Der Grund ist der, daß durch die lange Standzeit die im Obst vorhandenen Enzyme tätig werden. Sie zerlegen die Zellwände – der Zellsaft läuft aus – beim Pressen könnte dadurch die Ausbeute erhöht werden.
Durch die langen Standzeiten ist die Maische jedoch ungeschützt jeder Infektion ausgesetzt. Von dieser Behandlungsmethode ist daher bei Kernobstmaischen **abzuraten.**

Saftansammlung nach langer Standzeit am Maischebottichboden

Beerenobstmaischen, welche durch den hohen Pektingehalt sehr schwer abzupressen sind, sollten leicht erwärmt und enzymiert werden.

3.1.3 Schwefeln der Maische

Vom Standpunkt eines möglichst niedrig zu haltenden Schwefelgehaltes im Obstmost könnte man meistens auf die Schwefelung der Maische verzichten. Reifes und gesundes Obst braucht keine spezielle Schwefelung der Maische.
Eine frühzeitige Schwefelung soll vor Braunwerden (Oxydation) und vor allem vor Infektionen (Essigbakterien) schützen (siehe Kapitel „Schwefelung“).

Maische- und Preßsaftbehandlung bei hohem Faulobstanteil

Bei sorgfältiger Ernte und Sortierung dürfte diese Situation nicht eintreten. Hat man jedoch trotzdem mit diesem Problem zu kämpfen (Zukauf etc.), so muß eine gezielte **Behandlung** erfolgen:
Im Maischestadium wird man auf eine **stärkere Schwefelung** nicht verzichten können, um eine Entwicklung der Krankheitserreger zu unterdrücken (2 dag/100 l Maische) **Rasches Abpressen** sowie eine **stärkere Vorklärung** sind die weiteren Behandlungsschritte. Faules Obst ergibt mehr Trub im Preßsaft, welcher durch die Vorklärung (Entschleimung) verringert wird (siehe „Entschleimung des Preßsaftes“). Vorteilhaft ist die Behandlung des Preßsaftes mit einer stärkeren **Betonitschönung** (150 g/hl), welches Fremdtöne bindet. Anschließend wird mit einer gärkräftigen Reinzuchthefe vergoren. Solche Moste sollten getrennt vergoren werden.

4. Das Pressen

Wichtig ist zu wissen, daß höhere Drücke keine höhere Saftausbeute ergeben. Je größer die Zahl der aufgeschlossenen Zellen, d. h. zerstörten Zellen im Fruchtgewebe ist, desto größer ist auch die Abfließgeschwindigkeit des Saftes und die Saftausbeute. Die Presse hat nicht die Aufgabe, die Zellen zu zerdrücken (Auspressen), sondern nur das Abtrennen des Saftes. Von großem Einfluß ist die jeweilige **Schichtstärke des Preßkuchens.** Bei dünnen Maischeschichten (Packpressen) kann mit höheren Drücken, bei dicken Preßkuchen (Korbpressen) muß mit niedrigerem Druck gearbeitet werden. Ein hoher Preßdruck verengt oder verschließt nur die Saftablaufkanäle und verzögert den Preßvorgang. Auch das Halten des Druckes über längere Zeit, oft über eine ganze Nacht hin, wie es noch vielfach praktiziert wird, hat mehr Nachteile als Vorteile. Der

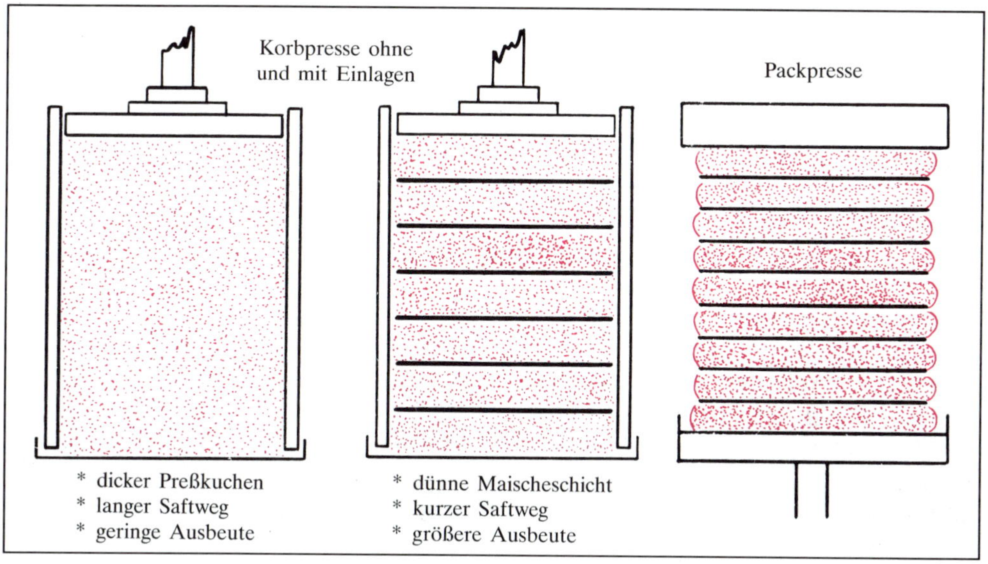

Gerbstoffgehalt und die Infektionsgefahr steigen enorm an. Kurze, häufigere Druckfolgen sind wirksamer. Es ist daher notwendig, die Mühlen sehr fein einzustellen, so daß die Maische optimal aufgeschlossen wird.

Anforderungen an die Presse
* Schonende Behandlung bei maximaler Saftausbeute
* Kontinuierliches Arbeiten bei möglichst geringem Arbeitsaufwand
* Geringer Trubgehalt im Preßsaft

4.1 Packpressen

Sie sind ideal für das Pressen von Äpfeln und Birnen. Durch die dünne Kuchenform ist der Saftweg nur sehr kurz. Daraus ergibt sich eine relativ hohe Preßleistung bei gleichzeitig hoher Saftausbeute. Im Gegensatz zu anderen Systemen (z. B. Bandpressen) ist der abfließende Preßsaft ziemlich trubarm. Die Preßtücher aus Kunststoff lassen sich leicht reinigen. Die Packpresse ist für eine kontinuierliche Arbeit geeignet, da sie mit zwei oder bei manchen Fabrikaten mit drei Biet ausgestattet werden kann. Während an einem Biet gepreßt wird, kann das andere Biet aufgebaut werden. Somit sind hohe Stundenleistungen unter schonendster Bearbeitung möglich.

Ein dünner Preßkuchen ergibt hohe Saftausbeute

4.2 Korbpressen

Korbpressen sind an sich reine Traubenpressen und für die Verarbeitung von Kernobst zwar geeignet, aber nicht optimal. Aufgrund des großen Maischekuchens ergeben sich geringere Ausbeutesätze. Dies wird zum Teil mit langen Preßzeiten versucht wettzumachen. Dabei erhöht sich sehr stark der Gerbstoffgehalt des ablaufenden Preßsaftes, und gleichzeitig sinkt die Preßleistung. Durch die lange Standzeit steigt die Gefahr des Angärens in Verbindung mit einer Mikroorganismenvermehrung. Ein weiterer Nachteil besteht darin, daß Maische aus dem Preßkorb „Ausfahren" kann. All diese Nachteile versucht man mittels Einlagen (Holz oder Kunststoff) bzw. mittels Kunststoffnetzen, die auf der Innenseite des Korbes befestigt werden, zu kompensieren.
Sollte die Anschaffung einer neuen Presse überlegt werden, so ist auf all dies Rücksicht zu nehmen.

4.3 Hydropressen

Für geringere Obstmaischmengen sind am Markt wartungsarme und relativ günstige Hydropressen erhältlich. Sie funktionieren mit Wasserdruck, der die innere Gummimembran vergrößert und so die Maische auspreßt.

4.4 Großpressen

Darunter fallen z. B. Bandpressen, die im überbetrieblichen Einsatz Verwendung finden. Die Arbeit kann bei geringstem Personalaufwand bei gleichzeitig höchster kontinuierlicher Preßleistung erfolgen.
Die Obstmaschine wird schonend mit leicht ansteigendem Druck in einer dünnen Schicht von ca. 3 bis 5 cm kontinuierlich entsaftet. Die Durchlaufzeit beträgt 3 bis 4 Minuten. Nach Beendigung des Preßvorganges werden die Trester vom Band abgestreift.

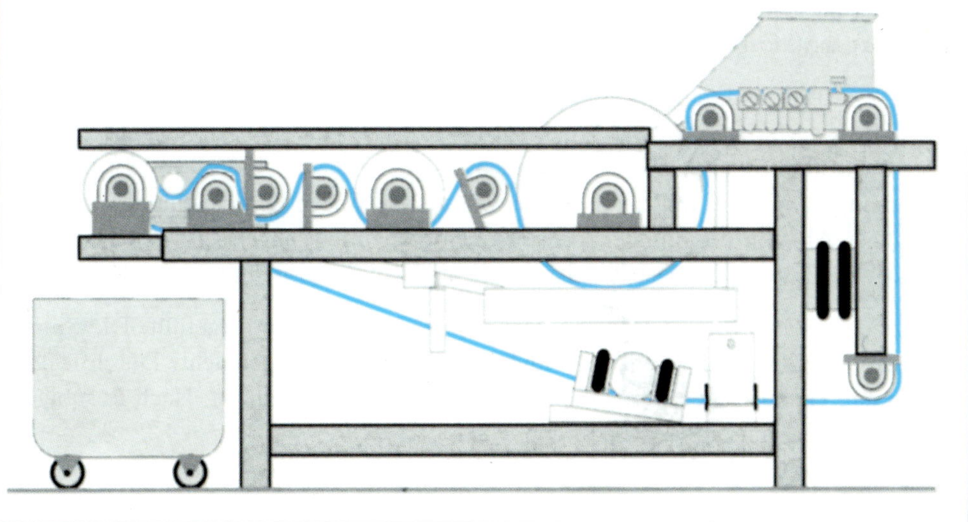

Bandpresse

5. Preßsaftuntersuchung

Jeder Mostbereiter sollte in der Lage sein, eine Reihe einfacher Untersuchungen durchzuführen. Die Untersuchungsergebnisse bilden die Grundlage der Behandlungsmaßnahmen. Die Preßsaftuntersuchung bietet die Basis für die Verbesserung des Mostes und bezieht sich auf:

Zuckerbestimmung und Säurebestimmung

5.1 Zuckerbestimmung

Die Zuckerbestimmung beruht auf dem Prinzip der Dichtemessung. Es stehen dazu zwei Möglichkeiten zur Verfügung:
a) Spindelung
b) Refraktometer

Mostspindel – Mostwaage
Je geringer die Dichte einer Flüssigkeit ist, d. h. je zuckerärmer der Preßsaft ist, umso tiefer sinkt die Mostwaage (Spindel) ein.

Bei der Zuckerbestimmung mit der Mostwaage ist folgendes zu beachten:
* Die Mostwaage muß rein und trocken sein
* Der Most muß möglichst klar sein und nicht gären
* Mosttemperatur muß mit der Eichtemperatur der Waage übereinstimmen
* Richtiges Ablesen der Spindel (ob von oben oder unten abgelesen werden muß, ist auf der Mostwaage angegeben). Ist nichts angegeben, so ist unten abzulesen!

Ein sauberer Standzylinder wird mit dem zu messenden Süßmost gefüllt. Die Spindel wird nun langsam ohne Wandberührung in den Zylinder eingetaucht. Durch leichtes Drehen und Herausziehen werden anhaftende Gasbläschen entfernt. Nach Beruhigung der Meßspindel kann abgelesen werden.
Die **Klosterneuburger Mostwaage (KMW)** gibt den Zuckergehalt des Preßsaftes in Gewichtsprozenten an.
Die **Oechsle Mostwaage (Oe)** gibt die relative Dichte des Mostes an. Es wird in gekürzter Form abgelesen. Bei einem Most mit einer relativen Dichte von 1,045 zeigt die Oechslewaage 45° an.

Die Zuckermessung des Preßsaftes mittels Spindelung

ca. Umrechnung: °Oe : 5 = ca. °KMW (45°Oe : 5 = 9°KMW)
°KMW x 5 = ca. °Oe (10°KMW x 5 = 50°Oe)

Refraktometer

Das Prinzip der Messung beruht auf der Lichtbrechung. Je zuckerärmer die Flüssigkeit, desto stärker wird das Licht abgelenkt. Die Prismenfläche wird mit 2 bis 3 Tropfen bestrichen (Durchschnittsprobe) und der Deckel zugeklappt. Nach dem Anpeilen einer Lichtquelle kann durch das Okular auf der Licht-Schatten-Grenze der Gehalt an Zucker abgelesen werden. Die Justierung erfolgt mit destiliertem Wasser bei 20° C. Aus Gründen der Bedienungsfreundlichkeit wird ein Refraktometer mit Temperaturkompensation empfohlen, ansonsten muß der zu untersuchende Preßsaft auf Eichtemperatur gebracht werden.

5.2 Säurebestimmung

Es wird die titrierbare Gesamtsäure bestimmt. Darunter versteht man die Summe der in einem Getränk vorhandenen freien Säuren mit Ausnahme der Kohlensäure. Diese wird vor der Bestimmung aus der Probe durch Erwärmen und Schütteln entfernt. Im Most befindet sich hauptsächlich Apfel- und Zitronensäure. Ausgedrückt wird die titrierbare Säure in Österreich in g/l = Promille.

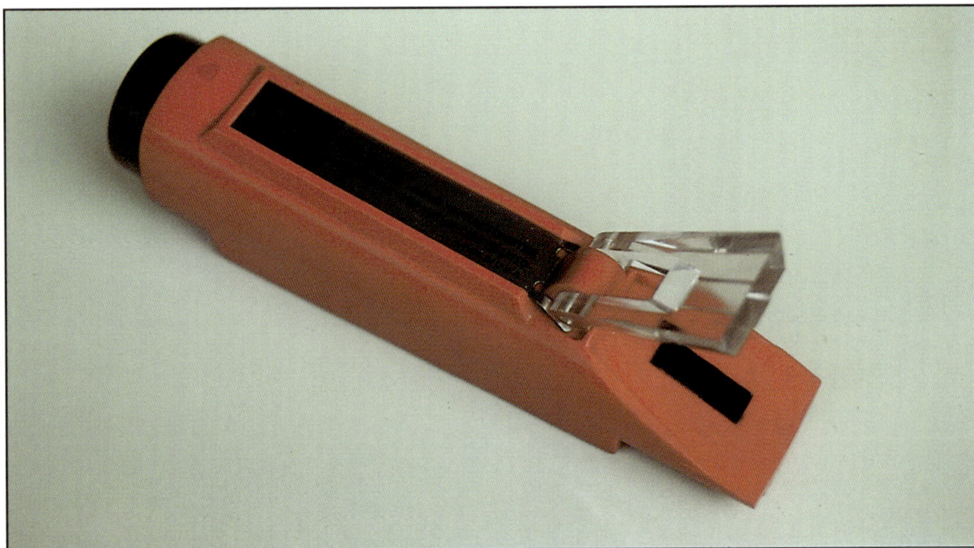

Refraktometer

Prinzip der Säuremessung

Es wird solange eine Lauge, deren Konzentration bekannt ist, zur Mostprobe dazugegeben, bis der Neutralpunkt (erkennbar durch einen Farbumschlag) erreicht ist – dann wird die verbrauchte Lauge abgelesen. Diesen Vorgang nennt man **Titration.**

Bestimmung der Säure mit Bürette oder Meßpipette

Bedarf

Erlenmeyerkolben 100 ml, Vollpipette 10 ml, Meßpipette 10 ml oder Bürette, frische 2/15 n Blaulauge

Durchführung

10 ml Most mittels Vollpipette in den Erlenmeyerkolben einmessen. Aus der Meßpipette oder Bürette so lange 2/15 n Blaulauge zufließen lassen, bis der Umschlagspunkt (von grün auf blau) erreicht ist. Verbrauch in ml Blaulauge an Meßpipette oder Bürette ablesen, der Wert gibt dann die g/l Säure bzw. Promille an.

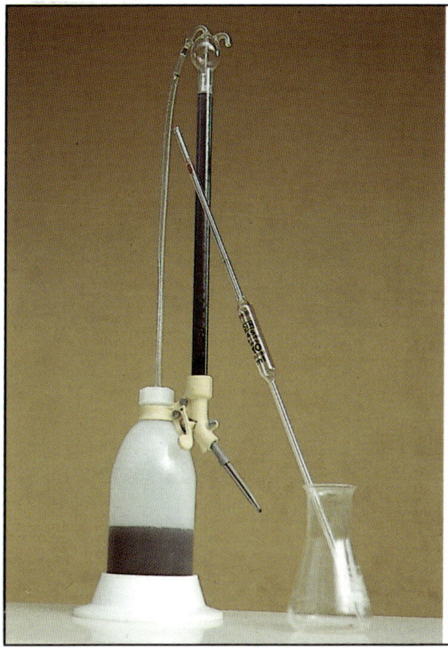

Säurebestimmung mittels Blaulauge

6. Preßsaftbehandlung

Die Zeitspanne zwischen Pressen und Gärbeginn ist für die Mosterzeugung ganz wesentlich. Hier können Behandlungsmaßnahmen erfolgen, die sich später nie wieder nachholen lassen. Jede hier erfolgte richtige Behandlung steigert die Qualität des vergorenen Getränkes.

Folgende Möglichkeiten stehen zur Verfügung:

1. Säurekorrektur
2. Zuckerkorrektur
3. Enzymierung
4. Schwefelung
5. Trockenreinzuchthefebeigabe
6. Bentonitbehandlung

7. Entschleimung
8. Hefenährsalze

Die gesamte Anzahl der Behandlungsmöglichkeiten wird natürlich an einem einzigen Preßsaft nicht durchgeführt. Entscheidend für die Behandlung ist der Qualitäts- und Gesundheitszustand des Preßsaftes.

6.1 Das Aufsäuern

Zitronensäure

Die Säuremessung und eventuelle Erhöhung durch Zitronensäure ist bei Birnenmosten oder bei säurearmem Tafelobst unbedingt erforderlich. Jeder Korrektur muß aber eine **Säuremessung** vorausgehen.

Einige wichtige Dinge, die beim Aufsäuern zu beachten sind:

1. Zum Aufsäuern steht in der Mostbereitung laut österr. Weingesetz nur **Zitronensäure** zur Verfügung.
2. Um den Säuregehalt des Mostes um **1 Promille** zu erhöhen, sind **10 dag** Zitronensäure **je 100 Liter Most** notwendig.
3. Idealer Säuregehalt vor der Gärung: **6,5–7,5 Promille**

4. **Vorbereitung**
   Zitronensäure in handwarmem Most lösen und anschließend dem Faß beischütten.
   WICHTIG: Faßinhalt gut durchmischen (mind. 15 min pro 1000 Liter – am besten mit einem Bohrmaschinenrührwerk)

5. Eine Verminderung des Säuregehaltes ist nur durch Verschnitt mit säureärmeren Mosten möglich. Das Entsäuern von Obstmost bzw. Fruchtsaft mit Kohlensaurem Kalk ist aufgrund des Fehlens von Weinsäure nicht möglich. Das Entsäuern mittels Doppelsalzentsäuerung wäre zwar möglich, ist aber ebenfalls laut österr. Weingesetz nicht erlaubt.

6. Ein entsprechend hoher Säuregehalt ist ein Garant für ein haltbares Produkt.
   Ein zu niedriger Säuregehalt ist für schädliche Mikroorganismen eine ideale Grundlage, sich stark zu vermehren. Durch die Tätigkeit der Mikroorganismen nimmt der Säuregehalt noch stärker ab – der Most wird dabei zäh – er droht zu verderben. Es ist daher unbedingt notwendig, wenn man dies verhindern will, **sorgfältig zu arbeiten, vor der Gärung den Säuregehalt einzustellen, zu schwefeln** und sowohl Schwefel- als auch Säuregehalt im vergorenen Most des öfteren **überprüfen** zu lassen.

7. Das Verhältnis von **Extrakt-** und **Alkoholgehalt** zum **Säuregehalt** bestimmt die **Säureharmonie.**

6.2 Das Aufzuckern

1. Laut österr. Weingesetz darf bei der Obstweinbereitung in dem Maß aufgezuckert werden, daß das fertige Getränk einschließlich des auf Alkohol umgerechneten vorhandenen Restzuckers, nicht mehr als 8 Vol.-% Alkohol enthält.
   Will man seinen vergorenen Most als **„Qualitätsobstmost“** bezeichnen, so gelten laut österr. Weingesetz seit der Novelle 1991 neue Richtlinien. Dieser darf unter anderem weder aufgezuckert noch aufgesäuert werden. Nähere Informationen sind bei den zuständigen Stellen zu erfahren.

2. Grundlage jeder Aufzuckerung ist eine vorhergehende **Zuckerbestimmung** des Preßsaftes mit Mostwaage oder Refraktometer.

3. **Zucker** wird durch die **Gärung** zu **Alkohol** umgewandelt, wobei **Kohlendioxyd** entsteht. Je mehr Zucker im Preßsaft, desto höher der Alkoholgehalt im vergorenen Getränk.

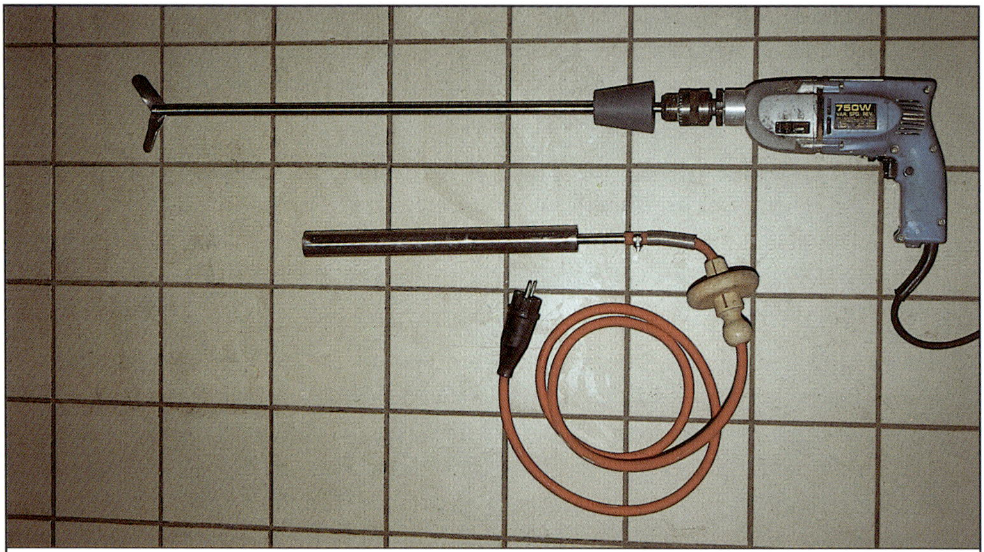

Mostwärmer und Bohrmaschinenrührwerk

4. Errechnung des möglichen Alkoholgehaltes:

Faustformel: 1° KMW x 0,65 = Vol.-% Alkohol

Ein Süßmost mit 11° nach der Klosterneuburger Mostwaage ergibt theoretisch 7,15 Vol.-% Alkohol. Je nach Gärungsvorbereitung und Gärverlauf kann dieser Wert auch beträchtlich niedriger sein. Dafür sind aber andere Stoffe entstanden, die der Qualität schaden (Histamin, flüchtige Säuren etc.). Es ist daher unbedingt notwendig, Reinzuchthefe zu verwenden sowie rasch und zügig zu vergären.

°KMW	Vol.-%	g/l Alk.	°KMW	Vol.-%	g/l Alk.
7,0	4,6	36,5	10,5	6,8	53,7
7,5	4,9	38,7	11,0	7,2	56,2
8,0	5,2	41,1	11,5	7,5	59,2
8,5	5,5	43,5	12,0	7,8	61,6
9,0	5,8	45,8	12,5	8,1	64,0
9,5	6,2	49,0	13,0	8,5	67,2
10,0	6,5	51,4	13,5	8,8	69,5

5. **Will man den Zuckergehalt um 1° KMW steigern, so sind 1,3 kg Zucker pro 100 Liter Preßsaft notwendig.**

6. Durchführung:
   Zucker in handwarmem Most lösen und anschließend dem Faß beischütten.
   WICHTIG: Faßinhalt gut durchmischen (mind. 15 min pro 1000 Liter; mit Bohrmaschinenrührwerk)

6.3 Enzymierung

Enzymbeigabe kann neben der Maische auch in den Preßsaft erfolgen. Man verliert zwar dadurch die Vorteile der leichteren Preßbarkeit und der dadurch erhöhten Ausbeute; jedoch bleibt der Vorteil bestehen, daß durch die Enzyme langkettige schleimbildende Fäden zerlegt werden, so daß die Entschleimung und die Filtration nach der Gärung unterstützt werden. Die Zugabe der Enzympräparate zum Preßsaft und nicht zur Maische ist sicherlich praktischer. Einwirkzeit, Temperatur der Maische und Verteilung bilden oftmals nichterreichbare Forderungen, so daß aus diesen Gründen die Enzymierung des Preßsaftes praxisgerechter erscheint.
Dabei ist jedoch unbedingt zu beachten, daß eine Enzymierung niemals gleichzeitig mit einer Betonitschönung einhergehen darf. Bentonit würde sofort das Enzym binden, so daß deren Wirkung gleich Null wäre (siehe „Betonitschönung“). Will man Moste mit Betonit behandeln, muß die Einwirkzeit der Enzyme (1–2 Stunden) abgewartet werden. Erst danach schönen.

6.4 Schwefelung

Diese Maßnahme ist nicht unbedingt notwendig. Entscheidend ist der Zustand des Ausgangsmaterials, der Säuregehalt sowie die Standzeit bis zum Gärbeginn, ob und in welcher Menge geschwefelt wird.
Krankes Ausgangsmaterial, niedrige Säure oder eine lange Standzeit machen eine Schwefelung notwendig. Wenn jedoch die Grundsätze einer sauberen Arbeitsweise sowie eines gesunden Ausgangsmaterials befolgt werden, und die Vergärung mit

Reinzuchthefe durchgeführt wird, ist eine Schwefelung vor der Gärung nicht notwendig (siehe Kapitel „Schwefelformen“).

6.5 Trockenreinzuchthefebeigabe

Trockenreinzuchthefe

Um eine reintönige Gärung zu garantieren, ist bei der Obstmostbereitung die Verwendung von Reinzuchthefe **unerläßlich.**

Aufwandsmengen: Diese hängt wesentlich von der Temperatur des Kellers, des Gärgutes sowie dem Entschleimungsgrad ab.
Bei Temperaturen um die 10 bis 15° C genügen 10 g/hl Preßsaft.
Bei niedrigeren Temperaturen für besonders schnelle Angärung oder bei zu erwartenden Gärschwierigkeiten (starkes Entschleimen) sind 15 bis 25 g/hl zu dosieren.

Von Reinzuchthefe wird verlangt:
* Rasche Angärung
* Reintönigkeit
* Geringe Schaumbildung
* Vollständige Endvergärung
* Schwefelresistenz sowie
* Temperaturunempfindlichkeit

Trockenreinzuchthefen sind in einer 5- bis 10fachen Menge eines 1:1-Most-Wasser-Gemisches (handwarm) anzurühren und ca. 15 Minuten quellen zu lassen. Anschließend wird unter ständigem Rühren beigeschüttet.
Für kalte Keller (5 bis 8° C) gibt es die Möglichkeit der Verwendung von **Kaltgärhefen.** Diese Hefeart wurde speziell für niedrige Gärtemperaturen gezüchtet.

6.6 Bentonitbehandlung

Bentonit ist ein fein vermahlener Ton mit starker Quellfähigkeit. Durch die große Oberfläche des Bentonites werden Eiweißstoffe daran gebunden – es entsteht eine große Flocke, die dann zu Boden sinkt.
Durch diese Behandlungsmethode wird Eiweiß bereits vor der Gärung großteils aus dem Getränk entzogen. Durch Erwärmung und anschließende Abkühlung (Transport der Flasche im warmen Auto – anschließend Kühlschranklagerung) kann vor allem das wärmeempfindliche Eiweiß ausflocken und in Form eines grauen Schleiers den Flaschenboden bedecken. Weiters besteht die Möglichkeit, daß Eiweiß mit anderen Substanzen, wie Gerbstoff oder Eisen, eine Verbindung eingeht, die ebenfalls zur Ausflockung und Trübung führen kann.
Daneben bindet Bentonit auch ungewünschte Fremdtöne, die vor allem bei hohem Anteil an Faulobst entstehen. Weiters unterstützt Bentonit durch die Bindung von Trub das Entschleimen und die Klärung.

Aufwandsmengen
100–200 g pro 100 Liter Most eines Natrium-Calcium-Bentonites entfernt den größten Teil, so daß mit dieser leichten Schönung kein Schaden angerichtet werden kann.

Der Einsatzzeitpunkt vor der Gärung ist für den Most am günstigsten. Natürlich kann Bentonit auch im vergorenen Getränk eingesetzt werden, um das Eiweiß zu entfernen, aber: **50 g/hl greifen den ausgebauten Most mehr an als 150 g/hl im Preßsaftstadium!**

Einsatzzeitpunkte
Vor dem Entschleimen
Bentonittrub wird gleichzeitig mit dem Entschleimungstrub entfernt.
Vor der Gärung
Bentonit bindet im Preßsaftstadium das Eiweiß, bleibt während der Gärung im Faß und wird beim 1. Abstich gleichzeitig mit dem Hefetrub entfernt (näheres, siehe Kapitel „Schönung").

6.7 Hefenährsalze

In der Obstweinbereitung ist der Einsatz von Hefenährsalzen erlaubt. Als Nahrung für die Hefezellen dient vor allem Stickstoff in Verbindung mit Phosphor. Die zu verwendenden Mengen richten sich nach dem Produkt, liegen aber zwischen 20 und 30 g/hl. Im Normalfall ist die Zugabe von Hefenährsalzen nicht notwendig, da im Preßsaft an den Trubpartikeln genügend solcher Stickstoffquellen zu finden sind.
Bei einer starken Entschleimung und hohem Reifungsgrad kann eine »Hefefütterung« notwendig werden. Die abgewogene Hefenährsalzmenge wird in wenig lauwarmem Wasser aufgelöst und anschließend in das Gärgut eingerührt.

6.8 Entschleimung

Der abfließende Preßsaft wird in einem Standtank stehengelassen. Dabei setzen sich die festen Trubteilchen ab. Es tritt eine Selbstklärung ein, da die mosteigenen, pektinabbauenden Enzyme (je nach Reife mehr oder weniger im Most enthalten) das vorhandene Pektin abbauen. Mit dem Auseinanderbrechen des Trub-stabilisierenden Pektingerüstes flocken die Feststoffe aus und können sich absetzen. Dies ist schon nach drei Stunden der Fall. Nach etwa 6 bis 8 Stunden ist der Preßsaft soweit vorgeklärt, daß sich selbst die feinsten Trubteilchen abgesetzt haben.
Vor allem dann, wenn der Preßsaft von Pressen abfließt, die einen hohen Trubanteil produzieren, ist dieses Vorklären wichtig. Ungünstige Mikroorganismen haften an diesen Trubpartikeln, die wiederum die Gärung negativ beeinflussen können. Großbetriebe verwenden dazu Zentrifugen (Separatoren), die diese Trubbestandteile aufgrund ihres spezifisch höheren Gewichtes kontinuierlich ausschleudern.
Die Entschleimzeit soll zwischen 8 und 10 Stunden betragen. Wird diese Zeitspanne erheblich überschritten, so kann dies den späteren Gärbeginn stark verzögern.
Es ist unbedingt notwendig, nach dem Entschleimen eine gärkräftige Reinzuchthefe beizusetzen (20 g/hl) und für eine optimale Gärtemperatur von 15 bis 20° C zu sorgen.

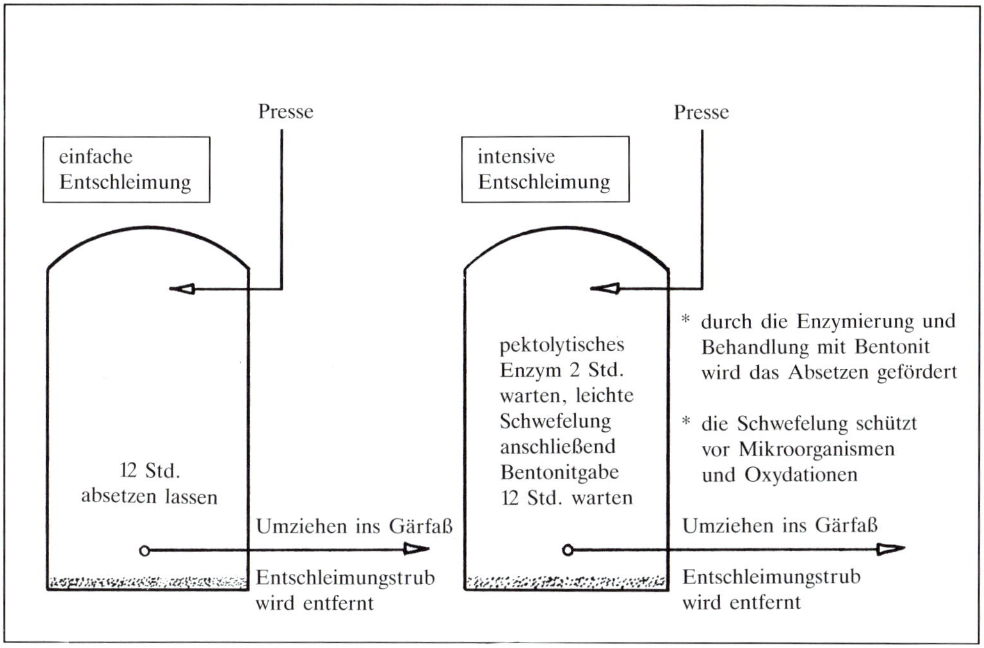

Preßsaftbehandlung – Zusammenfassung

Die nachfolgend aufgezählten Behandlungsmöglichkeiten des Preßsaftes können je nach Ausgangsmaterial und Verwendungszweck des Gärmostes eingesetzt werden.

	BEHANDLUNG	ZIEL
Maßnahmen zur Behebung von Mängeln	Zuckerzugabe	der Alkoholgehalt im vergorenen Getränk wird erhöht; die Haltbarkeit wird gefördert;
	Zitronensäure-zugabe	um die Haltbarkeit und die Harmonie des Getränkes zu steigern;
Gärungs-beeinflussende Maßnahmen	Trockenreinzucht-hefebeigabe	zügige, reintönige Gärung auch bei geringeren Gärtemperaturen
	Entschleimung	Trubbestandteile werden vor der Gärung durch Absetzenlassen von ca. 12 Stunden entfernt; besonders zu empfehlen bei zugekauften Preßsäften bzw. bei Säften, die von Bandpressen stammen (besonders trubreich)

	BEHANDLUNG	ZIEL
Vorbeugende Maßnahmen	Schwefelung	Die Vermehrung von schädlichen Mikroorganismen wird frühzeitig eingedämmt.
	Bentonitschönung	frühzeitige Entfernung von Eiweiß; Trübungen, verursacht durch Eiweißausflockung, werden bei der späteren Flaschenfüllung und -lagerung vermieden.
	Hefenährsalze	Etwaige Gärstörungen, verursacht durch einen Mangel an Nährstoffen für die Hefe, (vor allem Stickstoffverbindungen) werden vermieden
Unterstützende Maßnahmen	Enzymierung	Absetzen der Trubbestandteile wird gefördert; Filtrationen und Schönungen werden erleichtert

7. Die Gärung

7.1 Allgemeines

Die Gärung ist ein biochemischer Vorgang, bei dem Zucker zu Alkohol umgewandelt wird, wobei Kohlendioxid frei wird. Daneben werden noch Gärnebenprodukte gebildet. Bei dieser alkoholischen Gärung entsteht Wärme.

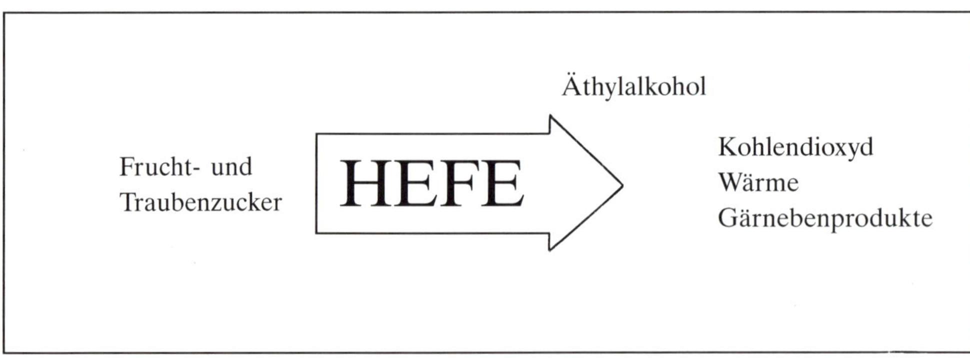

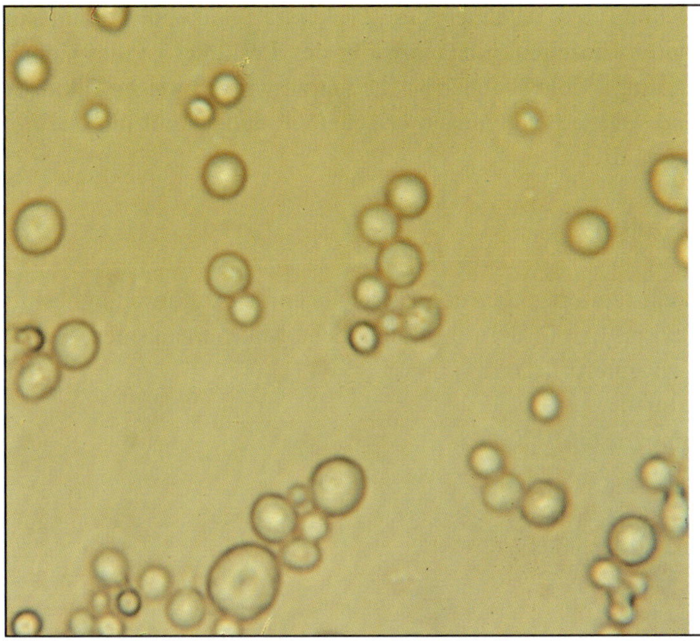

Hefen – betrachtet durch ein Mikroskop

Gärverlauf

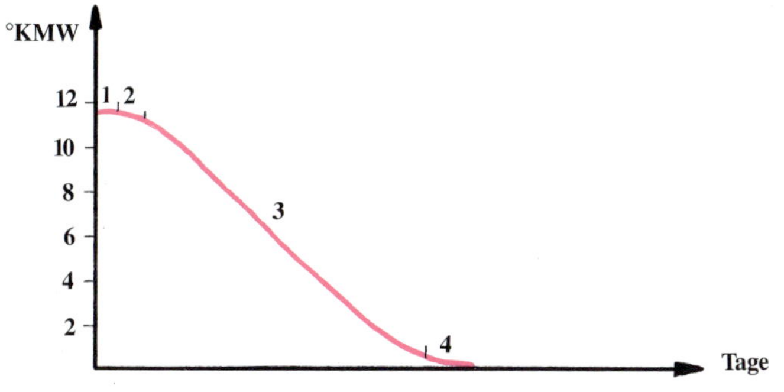

1. Vermehrung der Hefe 1–3 Tage

2. Das Angären

3. Stürmische Gärung 14 Tage

4. Stille Nachgärung 2–4 Wochen

Je nach Gärtemperatur und Gärvorbereitung kann die stürmische Gärung 1 bis 2 Wochen dauern.

Diese schematische Darstellung des Abbaues des Zuckers zu Alkohol verläuft in Wirklichkeit in vielen kleineren Einzelreaktionen ab. Für den **Praktiker** ist dies jedoch nicht von besonderer Bedeutung. Viel wichtiger ist für ihn zu wissen, **welche Faktoren die Gärung beeinflussen und welche Bedingungen er schaffen muß, damit die Gärung reintönig und problemlos verläuft.**

7.2 Verursacher der Gärung

Um eine zügige und vor allem reintönige Gärung zu erreichen, ist es notwendig, echte Hefen (Saccharomyces cerevisiae) zu fördern und schädliche Mikroorganismen (Spitzhefen, Essigbakterien . . .) zu unterdrücken.
Dies kann man erreichen durch:
* Schwefelung: 10 g Kaliumpyrosulfit/100 l
* Entschleimung
* Trockenreinzuchthefebeigabe
* Optimale Gärtemperatur: 16 bis 18° C

Temperatur
Idealtemperatur: 15 bis 20° C (höhere Temperaturen bringen keine Vorteile)
Mindesttemperatur: 10° C
Höchsttemperatur: 40° C (darüber hinaus kommt es zum Absterben der Hefe)
Die Temperatur ist der wichtigste und beeinflussendste Faktor für die Gärsteuerung. Die Optimaltemperatur für die Vermehrung und Gärung der Hefe liegt um 25° C. Größere Abweichungen von diesem Wert, gleich ob nach oben oder unten, hemmen den Stoffwechsel der Hefe.
Diese 25° C sind jedoch ein **theoretischer Wert,** da diese Temperatur von allein fast nie erreicht werden kann. Als **ideale Anstelltemperatur** kann für Obstmost **18° C** angesehen werden.
Da bei der Gärung Wärme frei wird, kommt es während der stürmischen Gärung im Gärgefäß zu einer Erhöhung der Temperatur. Diese Temperatursteigerung ist von der Gärgefäßgröße abhängig. In großen Gärtanks (10.000 l etc.) kann die Temperatursteigerung so groß sein, daß eine Kühlung durch Tankberieselung notwendig wird. Über 40° C kann es zum »Versieden« kommen. Die Gärung bleibt dann plötzlich stecken. Die gärende Hefe wurde von ihrer eigenen erzeugten Wärme abgetötet. Eine solche steckengebliebene Gärung ist sehr schwer wieder in Gang zu bringen.
Da in der Obstmostbereitung solche Gärfaßgrößen selten sind, hat man eher mit dem gegenteiligen Problem zu kämpfen. Gärtemperaturen unter 12° C werden problema-

tisch. Durch zu geringe Temperaturen verursachte schleppende Gärungen erzeugen sehr viele unangenehme Gärnebenprodukte. In kalten Kellern, wo höhere Gärtemperaturen nicht gehalten werden können, besteht die Möglichkeit, **Hefen mit Kaltgäreigenschaften** zu verwenden. Sie wurden speziell für diese Bedingungen gezüchtet, so daß Temperaturen im Bereich von 7 bis 10° C keine Gärprobleme auslösen. Für den Gärstart ist aber trotzdem eine höhere Temperatur notwendig.

* Die gebräuchlichste Methode, um zu kalten Preßsaft auf Gärtemperatur zu bringen, ist die Verwendung von Mostwärmern. Sie arbeiten nach dem Tauchsiederprinzip.

Wichtig:
Der Mostwärmer muß im unteren Drittel des Fasses eingehängt werden.

Faustregel
Ein 1000 Watt-Mostwärmer benötigt ca. eine Stunde, um 1000 l Inhalt um 1° C zu erwärmen.
Der Mostwärmer darf erst nach dem Abkühlen desselben herausgenommen werden, da sonst dieser ohne Kühlung durchbrennt.

* Für Mostmengen bis 1000 l gibt es die Möglichkeit, den Gärtank mittels Tellwolle einzuwickeln, wobei ein Luftpolster zwischen Isolierstoff und Tank bleiben muß. An der offenen Unterseite plaziert man einen Elektroheizkörper, der warme Luft in die Zwischenräume einbläst. Innerhalb kürzester Zeit erreicht die Gärflüssigkeit 20° C. Der besondere Vorteil liegt darin, daß durch Intervallschaltung diese Gärtemperatur auch gehalten werden kann und daß nicht der gesamte Keller aufgeheizt werden muß.

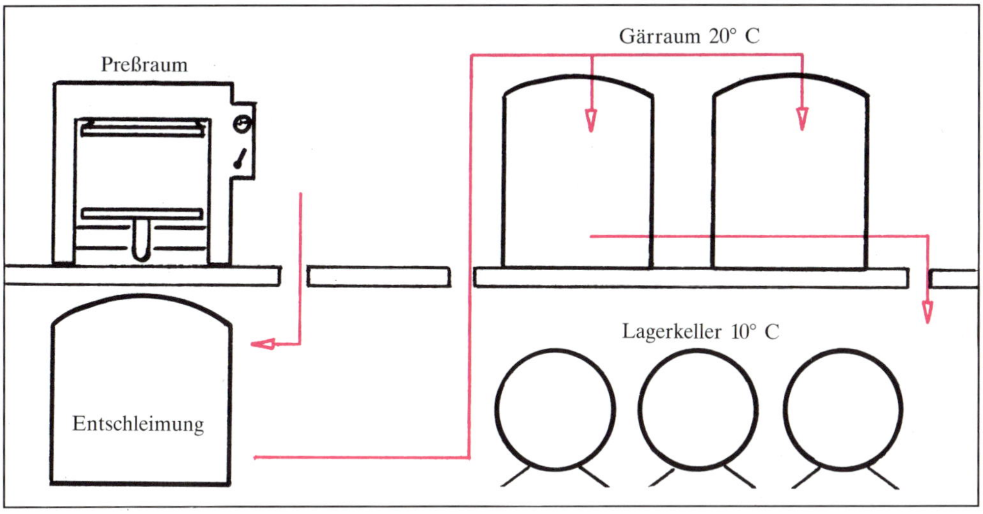

* Eine weitere Möglichkeit ist die, daß man einen eigenen Gärraum schafft. Dieser soll wärmer als der Lagerkeller sein. Nach beendeter Gärung wird der Most vom Geläger gezogen und in den kühlen Lagerkeller gepumpt.
* Das Ende der Gärung kann mittels **Clinitest** überprüft werden. Dieser Test mißt den noch vorhandenen Restzucker. Erst dann, wenn der gesamte Zucker vergoren ist, darf der Gärmost vom Geläger abgezogen werden.

Clinitest

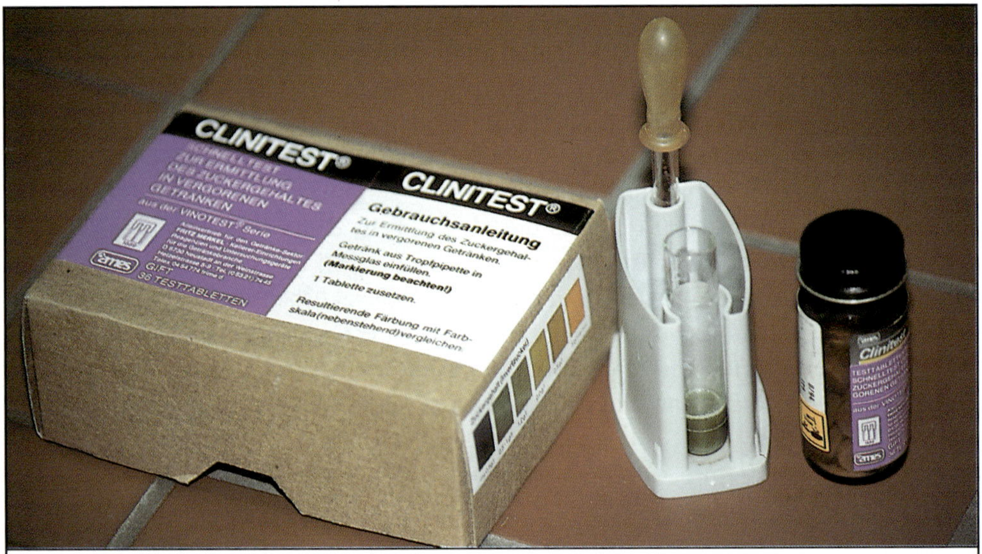

Clinitest

Einfach durchzuführende Restzuckerkontrolle, bei der in ein Glasröhrchen eine bestimmte Menge an Most gefüllt wird – anschließend wird eine Testtablette hinzugegeben – je nach Farbumschlag der sich daraus ergebenden Lösung kann anhand einer Farbskala der ungefähre Restzuckergehalt festgestellt werden.

7.3 Gärprobleme

Viele Schwierigkeiten können von vornherein ausgeschlossen werden, wenn bei Gärbeginn eine Schwefelbeigabe sowie Reinzuchthefebeigabe erfolgt.

Eine steckengebliebene Gärung wieder in Gang zu bringen, ist oft sehr schwierig. Daher ist es unbedingt notwendig, die Gärung laufend zu kontrollieren, um bei auftretenden Gärstörungen sofort eingreifen zu können.

Preßsaft beginnt nicht zu gären bzw. setzt plötzlich aus!

URSACHEN	ABHILFEMÖGLICHKEITEN
Preßsaft ist zu kalt Mindesttemperatur: 10° C Idealtemperatur: 15–20° C	* Mit Mostwärmer aufwärmen * Keller beheizen * Kleine Mostmengen am Herd aufwärmen und dem Faß wieder beischütten * In warmen Herbsten: während des Tages die Kellertür öffnen, abends wieder schließen
fehlender Reinhefezusatz	* Ohne Reinhefezusatz verläuft die Gärung nach Zufall daher: nach dem Pressen 10 bis 20 g/100 l beisetzen
zu stark vorgeklärt	* Wurde zu stark entschleimt (mehr als 24 Stunden), so wirkt sich dies verzögernd auf den Gärbeginn aus
zu stark geschwefelt: ideal: 10 dag KPS/1000 l = 1 dag KPS/100 l = 50 mg KPS/1 l	* Mehr als 100 mg/l an SO_2 wirkt stark verzögernd auf den Gärbeginn * Bei 200 bis 300 mg/l an SO_2 bleibt die Gärung aus (diese Mengen könnten durch Fehlwägungen in den Most gelangen)

7.4 Gärnebenprodukte

Neben den eigentlichen Gärnebenprodukten (Alkohol und CO_2), entstehen bei diesem biochemischen Vorgang noch eine Vielzahl von Gärungsnebenprodukten. Je nach Gärungsart, Gärdauer und Vorbehandlung bilden sich mehr oder weniger von diesen Nebenprodukten, die auf die Qualität einen entscheidenden Einfluß nehmen können.

Acetaldehyd

Acetaldehyd ist einer der größten Schwefelbinder. Will man Moste mit geringem

Schwefelbedarf erzeugen, ist es notwendig, sich mit dem Gärnebenprodukt „Acetaldehyd“ näher zu beschäftigen.
Die schwefelige Säure im Obstmost hat das Bestreben, sich sofort mit anderen Stoffen zu verbinden (z. B. Brenztraubensäure, Acetaldehyd etc.) und verliert damit ihre eigentliche Aufgabe: den für den Obstwein gefährlichen Sauerstoff aufzufangen bzw. abzubinden. Sie belastet somit den Obstwein, ohne ihre eigentliche Aufgabe zu erfüllen.
Ein Most ist erst dann als stabil anzusehen, wenn 25 bis 35 mg/l an ungebundener Schwefeliger Säure (**= freier Schwefel**) vorhanden ist und über Wochen hindurch gleich bleibt. Je mehr an Acetaldehyd vorhanden ist, desto mehr an Schwefel muß beigegeben werden, damit einerseits der Sauerstoff und eben das Acetaldehyd gebunden sowie darüber hinaus noch 25 bis 35 mg/l an Schwefel frei bleiben. Erst dieser freie Schwefel garantiert einen Schutz.
Man muß daher versuchen, durch eine entsprechende Gärführung diese Acetaldehydbildung so gering wie möglich zu halten. **Schleppende Gärungen ohne Reinzuchthefebeigabe lassen den Gehalt an Acetaldehyd stark ansteigen.**

Glycerin

Im Gegensatz zum Acetaldehyd ist Glycerin ein positives Gärnebenprodukt und somit im Obstmost **erwünscht.** Es ist dies ein dreiwertiger Alkohol und in reinem Zustand eine farblose, dickliche Flüssigkeit, die süß schmeckt und ungiftig ist. Glycerin gehört insofern zu den wertvollsten Erzeugnissen der Gärung, als daß es dem Obstmost Vollmundigkeit und Körper verleiht. Der Gehalt an Glycerin steht meist in engem Verhältnis mit dem Alkoholgehalt. Je mehr an Alkohol vorhanden ist, desto mehr an Glycerin ist ebenfalls gebildet worden. Aber auch die Reinzuchthefe hat einen starken Einfluß auf das Glycerinbildungsvermögen. Bei 50 g Alkohol (ca. 6,3 Vol.-%) werden um die 1 bis 3 g/l Glycerin gebildet. Dieses Verhältnis von Alkohol- zu Glyceringehalt dient als Nachweis bei unerlaubter Glycerinzugabe.

Essigsäure

Durch eine schleppende Gärung kann Essigsäure gebildet werden. Sie bildet den größten Anteil an flüchtiger Säure. Sind jedoch mehr als 0,6 g/l an flüchtiger Säure im vergorenen Obstmost enthalten, dann läßt dies auf eine Essigsäurebildung durch Bakterien schließen. Um eine reintönige Gärung zu erzielen, sind eine entsprechende Reinzuchthefebeigabe sowie ein rascher Gärstart gerade bei Obstweinen notwendig.

Aromastoffe
Das Aroma setzt sich aus mehreren hundert Einzelkomponenten zusammen und enthält Verbindungen wie Ester, höhere Alkohole (Fuselöle), Säuren etc. Diese vielen Geruchs- und Geschmacksstoffe bewirken zusammen den sensorischen Gesamteindruck.
Neben diesen genannten Gärnebenprodukten gibt es noch eine Vielzahl an Erzeugnissen. Diese hier zu beschreiben, würde den gegebenen Rahmen sprengen. Abschließend kann jedoch gesagt werden, daß durch eine gute Gärführung unangenehme Gärnebenprodukte weitgehendst vermieden werden können. Es muß vor und während der Gärung alles getan werden, um diese reintönig ablaufen zu lassen.

Wie können unerwünschte Gärnebenprodukte vermieden werden?
* Obst sauber waschen und aussortieren
* Preßsaft einstellen (Säure)
* Reinzuchthefe beigeben
* Leichte Schwefelung (10 g/100 l)
* Schnelles Angären bei ca. 18° bis 20° C
* Gärtemperatur 15° bis 20° C
* Gärüberwachung

Gärung – Zusammenfassung

Die Gärung ist ein Prozeß, bei dem Zucker zu Alkohol umgewandelt wird. Verantwortlich dafür sind Hefen.
Durch entsprechende Behandlungsmaßnahmen muß versucht werden, ideale Bedingungen für die Hefezellen zu schaffen.

Wir wollen eine Gärung, die
* zügig ohne Unterbrechung abläuft,
* wenig unerwünschte Gärnebenprodukte liefert und
* den gesamten Zucker vergärt.

Dies erreichen wir durch:
* Verwendung von Reinzuchthefe
* Gärbehälter nur zu 90% füllen und mit Gärspund verschließen
* Anstelltemperatur: 15 bis 20° C

8. Ausbau-, Pflege- und Stabilisierungsmaßnahmen

Nach dem Ende der Gärung muß der Most ausgebaut und stabilisiert werden. Zu diesen Maßnahmen zählen:

* Zeitiges Vollfüllen (rauhe Fülle)
* Vollhalten der Behälter
* Umfüllen (Abstich)
* Schwefelung
* Klär- und Schönungsmethoden

8.1 Rauhe Fülle

Nachdem die stärkste Gärschaumentwicklung vorüber ist (Ende der Hauptgärung), muß das 90% gefüllte Faß mit gesundem Obstmost spundvoll gefüllt werden. Dadurch wird Sauerstoff aus dem Faß verdrängt und somit die Lebensgrundlage vieler schädlicher Mikroorganismen genommen. Das Faß darf jedoch nicht fest verschlossen werden, da bei der anschließenden Nachgärungsphase ebenfalls noch CO_2 entsteht. Der restliche Zucker vergärt in diesem Abschnitt nur mehr sehr langsam und kann daher noch einige Tage in Anspruch nehmen. Anschließend beginnt sich der Obstmost unter guten Umständen selbst zu klären.

8.2 Vollhalten der Fässer

Sauerstoff ist für viele Mikroorganismen eine wichtige Lebensgrundlage. Durch den Schwund in Holzfässern oder frühzeitigem Verbrauch entstehen im Behälter größere Berührungsflachen mit Sauerstoff. Durch den geringen Alkoholgehalt werden vor allem **Kahmhefen** gefördert. Ein helles Häutchen entsteht an der Mostoberfläche. Die negativen Auswirkungen einer solchen Kahmhefenvermehrung sind größer als angenommen wird.

Kahmhefe kommt im Traubenwein seltener vor, da diese alkoholempfindlich ist. Sie ist eines der größten Probleme in der Obstmostbereitung. Ihre „Bekämpfung" wäre aber sehr einfach. Nach Beendigung der Hauptgärung sollen die Behälter vollgefüllt werden (rauhe Fülle), anschließend wird der 1. Abstich gemacht, und von da an muß man immer auf volle Behälter achten. Angebrauchte Behälter sind mittels **CO_2-Gas** oder mittels **N/CO_2-Gasgemisch zu überlagern.**

Mit Hilfe einer Kohlensäureanlage kann der Most von angebrochenen Fässern lange gesund und frisch erhalten werden.

Für die Überlagerung von Anbruchbehältern hat sich CO_2 als günstig erwiesen, da es schwerer als Luft ist und zu Boden sinkt, so daß es den Sauerstoff verdrängt. Bei längerer Lagerung geht die Frische und Spritzigkeit nicht verloren, da sich im Getränk kleine Mengen CO_2 lösen.

Bei hohen Überlagerungsdrücken (mehr als 0,2 bar) kann diese CO_2-Anreicherung jedoch so stark werden, daß sie störend wirkt. Wird nun N-Gas zur Überlagerung verwendet, so muß darauf geachtet werden, daß erst nach vollkommener Ausspülung der Luft aus dem Gefäß ein N-Schutz gewährleistet ist.

Grund: Stickstoff hat das spezifisch gleiche Gewicht wie Luft.

Man nimmt daher heute zur Überlagerung ein CO_2/N-Gemisch im Verhältnis 25:75. Beide müssen dafür geeignet sein und Lebensmittelqualität aufweisen.

Kahmhefe bildet unter anderem Aldehyde, welche die Schwefelige Säure binden. Aldehyd ist aber die Vorstufe zur Essigsäure. Daneben greifen Kahmhefen auch den Alkohol- und Extraktgehalt an. Am deutlichsten merkt man aber die Veränderung im Bukett.

8.3 Der Abstich

Unter Abstich versteht man das Umfüllen des Mostes von einem Behälter in den anderen zwecks Entfernung des Trubes (Hefe-, Schönungstrub) oder um mikrobiologische Vorgänge zu unterbrechen.

Der erste Abstich oder Abzug erfolgt nach beendeter Gärung (Restzuckerkontrolle mittels Clinitest), um den Most von der Hefe zu trennen. Der Zeitpunkt dieses Abstiches hängt am wesentlichsten vom Säuregehalt ab. Moste **mit geringer Säure (4–6,5‰) sind rasch nach beendeter Gärung umzuziehen.**

Säurereiche Moste können bis 4 Wochen auf der Hefe liegen bleiben. Sie haben genügend Kraft, dieser Belastung standzuhalten. **Bei zu hohem Säuregehalt kann unter Umständen durch eine längere Lagerung am Geläger ein Säureabbau von 1 Promille erfolgen und der Most an Harmonie gewinnen.** Die Klärung des Mostes nach der Gärung ist abhängig vom pH-Wert, Gerbstoff- und Säuregehalt sowie von anderen Inhaltsstoffen. Wenn diese Klärung nicht selbsttätig abläuft, dann muß der Most im Anschluß an den 1. Abstich geschönt werden. Eine Schönung am Geläger ist nicht sinnvoll. Bei leichter Trübung tritt anstelle der Schönung eine Grobfiltration. Solche Moste kommen unter Umständen mit einem einzigen Abstich aus.

Eine Grobfiltration beim 1. Abstich nimmt den größten Teil der Trubbestandteile heraus, so daß:

1. die weitere Behandlung vereinfacht wird,
2. der Most nach einer kurzen Überlagerung für den Mostschenker schon verkaufsfähig ist,
3. etwaige notwendige Geschmacksschönungen reaktionsfreudiger bei gleichzeitig geringeren Aufwandsmengen an Schönungsmitteln ablaufen.

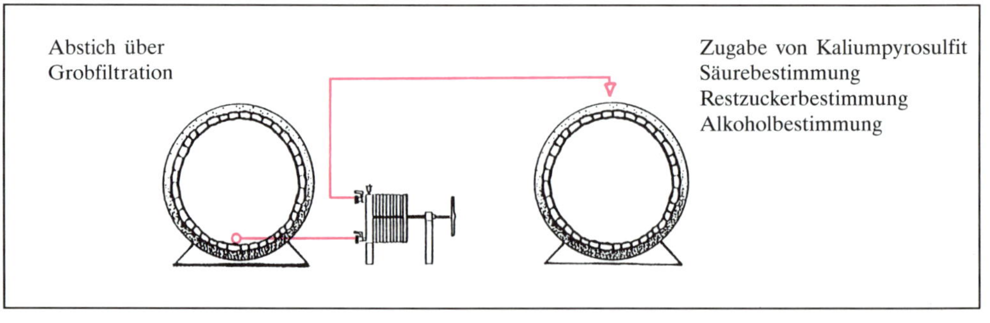

Behandlungsmaßnahmen beim 1. Abstich

Zu diesem Zeitpunkt sollte die 2. **Schwefelgabe** (wurde der Preßsaft nicht geschwefelt, so ist es unbedingt notwendig, zu diesem Zeitpunkt die 1. Schwefelgabe) mit einer Menge von 10 dag pro 1000 Liter Most gegeben werden.
Wenn notwendig, kann hier auch die **Säurekorrektur** vorgenommen werden (jedoch nicht mehr als bis 1,5 Promille steigern).
Der erste Abstich ist der Zeitpunkt, an dem auch gleichzeitig einige wichtige **Kontrollmaßnahmen** zu erfolgen haben.

Kontrollmaßnahmen beim 1. Abstich

1. **Säuregehaltsbestimmung**
   Hat der Säuregehalt abgenommen?
   Wenn ja, warum? Ist ein biologischer krankhafter Säureabbau daran schuld?
2. **Alkoholbestimmung**
   Wie hoch ist der Alkoholgehalt? Gesetzliche Normen?
3. **Restzuckerbestimmung**
   Ist Restzucker vorhanden?
   Wenn ja, ist dieser Restzucker in einer Menge vorhanden, die eine Nachgärung erwarten läßt?
4. **SO_2-frei Bestimmung**
   Wie hoch liegt der Gehalt an freier Schwefeliger Säure nach der Schwefelung? Liegt er im Idealbereich für eine längere Lagerung? Bei pH 3,2–3,4 sollten 25–35 mg/l vorhanden sein, der über 4 Wochen stabil bleibt. Bei höheren pH-Werten muß der SO_2-freie Gehalt höher liegen. Wird der Most bald verbraucht, ist es dann notwendig, überhaupt ein zweites Mal zu schwefeln? (siehe Kapitel „Schwefelung“)
5. **Eiweißüberprüfung**
   Ist hitzeempfindliches Eiweiß vorhanden?

Für alle diese Überprüfungen wäre das Einschicken einer Probe an ein Most- oder Weinlabor empfehlenswert. Hier erhalten Sie dann Auskunft über entsprechende weitere Behandlungsschritte (näheres über Bestimmungsmethoden, siehe Kapitel „Mostuntersuchungsmethoden“).

8.4 Schwefelung

8.4.1 Der Schwefeleinsatz in der Obstmostbereitung

Schwefel bzw. dessen verschiedene Formen haben in der modernen Kellerwirtschaft einen festen Platz eingenommen. Es ist nicht möglich, ganz ohne Schwefelige Säure einen

Abzug vom Geläger mit gleichzeitiger Filtration

haltbaren Flaschenmost zu erzeugen. Es gibt keinen Ersatzstoff, der die unterschiedlichen Wirkungen und Aufgaben der Schwefeligen Säure auf einmal übernehmen kann. Aus diesem Grund ist sie schon seit Jahrhunderten eine unentbehrliche Hilfe der Kellertechnik. Es muß aber jedem bewußt sein, daß Schwefelige Säure in größeren Mengen gesundheitsschädlich ist und daß nur **ein bewußter, gezielter Einsatz sinnvoll ist.**

Die Aufgaben des Schwefels im Gärmost sind:

1. **Bindung des Gärnebenproduktes Acetaldehyd**
   Kommt es zu keiner Bindung, so ist ein gewisser Luftton bemerkbar. Das Geschmacksbild wird gestört. Der Most verdirbt.
2. **Verhinderung von Bräunungen (Oxydation)**
   Sauerstoff wird gebunden, so daß es zu keinen Bräunungen kommen kann.
3. **Eindämmung schädlicher Mikroorganismen**
   Ihre starke Vermehrungsfähigkeit wird eingeschränkt.

Obstmost ist aufgrund des geringen Alkohol- und Säuregehaltes anfällig gegenüber schädlichen Mikroorganismen. Durch sachgerechte Arbeitsweise ist es jedoch möglich, den Schwefelbedarf gering zu halten.

Einen geringen Schwefelbedarf des Obstmostes erreicht man durch:
* Gesundes, sauberes Obst
* Rasche Verarbeitung
* Entschleimung
* Zügige Reinzuchthefevergärung
* Hygienische Arbeitsweise

8.4.2 Schwefelformen

Kaliumpyrosulfit

Zur Schwefelung der Maische, des Preßsaftes bzw. des vergorenen Getränkes kommt in erster Linie Kaliumpyrosulfit in Frage. Es ist in kg-Packungen oder in 10 g-Säckchen im Handel erhältlich.
In Kaliumpyrosulfit ist nur die Hälfte wirksames SO_2 enthalten.

Unterschiedliche Schwefelformen

	Handelsform	Anwendungsgebiet
Kaliumprosulfit ($K_2S_2O_5$) Salze der Schwefeligen Säure	in Pulverform 10 g Pkg kg Pkg in Tablettenform 10 g	zur Maische-, Preßsaft- oder Mostschwefelung;
reiner Schwefel (S)	Asbestschwefelschnitten	bei der Verbrennung bildet sich Schwefeldioxyd (SO_2); wirkt keimtötend – zur Faßkonservierung;
Schwefelige Säure (H_2SO_3)	als 5–6%ige Schwefelige Säure im Handel	zur Faßkonservierung; Desinfektionsmittel bei entsprechender Verdünnung;
Schwefeldioxyd (SO_2)	in Druckdosen als 100%iges SO_2-Gas	zur Faßkonservierung zur Preßsaft- und Mostschwefelung;

Anwendung – Kaliumpyrosulfit

Es wird, bevor es dem Faß beigemischt wird, in einer kleinen Menge Most gelöst. Anschließend erst dem Faßinhalt beischütten und gründlich mischen (mind. 15 Minuten pro 1000 Liter am besten mit einem Bohrmaschinenrührwerk)!

Wie bereits erwähnt, kann auf die Schwefelung des Gärmostes nicht verzichtet werden. Bei sachgerechter Arbeit und gesundem Obst, reichen zwei Gaben von je 1 dag Kaliumpyrosulfit pro 100 Liter Most.

Erste Schwefelung: beim Abzug vom Geläger (1. Abstich)
Zweite Schwefelung: im Laufe der Ausbaulagerung

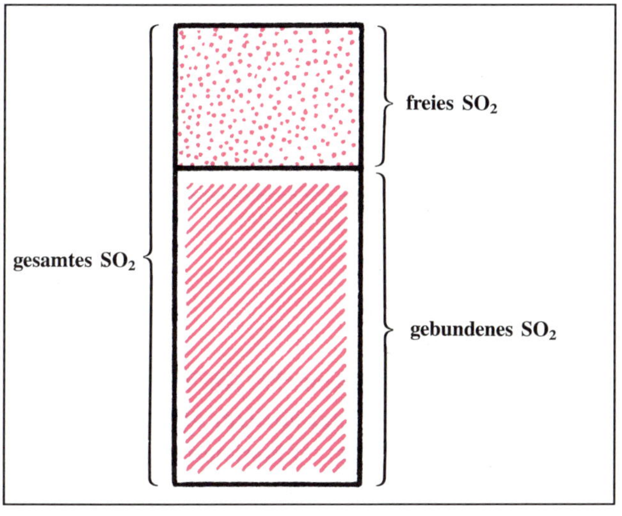

Der zugegebene Schwefel (Kaliumpyrosulfit) wird im Most zu einem Teil durch Gärnebenprodukte (Acetaldehyd) abgebunden. Er ist somit inaktiv. Dieser wird als **gebundene Schwefelige Säure** bezeichnet. Der restliche Anteil bleibt ungebunden. Dieser wird als **freie Schwefelige Säure** bezeichnet und bildet einen aktiven Schutz gegenüber Mikroorganismen. Es ist daher unbedingt notwendig, diese freie Schwefelige Säure zu beobachten (Labor).

gesamtes SO_2 = freies SO_2 + gebundenes SO_2

Laut österr. Weingesetz darf im Obstwein nicht mehr als:
50 mg/l freie Schwefelige Säure und
200 mg/l gesamte Schwefelige Säure vorhanden sein.

Angestrebt wird ein Gehalt an freier Schwefeliger Säure von 25 bis 30 mg/l. Bleibt dieser Wert über längere Zeit hin gleich, so ist der Most als „stabil“ anzusehen.

Der Gehalt an freier Schwefeliger Säure ist neben dem Säuregehalt ein wichtiger Hinweis auf die Haltbarkeit des Gärmostes.

Aufschwefeln

Um auf die 25 bis 30 mg/l an freier Schwefeliger Säure zu kommen, muß im Laufe der Ausbaulagerung eine Aufschwefelung durchgeführt werden. Um genau zu wissen, wie hoch diese Aufschwefelung ausfallen muß, hat zuvor eine Schwefelkontrolle zu erfolgen (Mostlabor).

Keine Aufschwefelung ohne vorhergehender Schwefelkontrolle!

z. B.: Festgestellter Gehalt an freier Schwefeliger Säure: 8 mg/l
Erwünschter Gehalt an freier Schwefeliger Säure: 30 mg/l
Es fehlen daher 22 mg/l.
Folgender Rechengang:

Fehlende mg/l x 2 = g Kaliumpyrosulfit/1000 l

Daher: 22 x 2 = **44 g Kaliumpyrosulfit auf 1000 Liter**

„Schwefelfresser"

Bei manchen Obstmosten kann der Fall eintreten, daß in der Ausbaulagerung kein stabiler SO_2-freier Gehalt erreicht wird. Er nimmt laufend ab. Um das Defizit auszugleichen und auf die angestrebten 25 bis 30 mg/l SO_2-frei zu kommen, wird wiederum nachgeschwefelt. Dadurch steigt aber der Gesamtschwefelgehalt. Solche Moste werden als „Schwefelfresser" bezeichnet. Das Problem ist, daß hier eine **stille Nachgärung** bei der Acetaldehyd (Gärnebenprodukt) gebildet wird, welches ständig abgebunden wird. **Solchen Schwefelfressern begegnet man am besten nicht mit ständigem Nachschwefeln, sondern mit der Unterbrechung der Nachgärung.**

Um eine Stille Nachgärung von vornherein zu vermeiden, ist die Durchführung eines Clinitestes vor dem 1. Abstich erforderlich (siehe Kapitel „Gärung").

Behandlung der „Stillen Nachgärung"

Die Behandlung eines solchen Mostes wird abhängig sein vom noch vorhandenen Restzuckergehalt.

Je nach Geräteausstattung bieten sich drei Möglichkeiten an:

* Gärung nochmals in Schwung bringen;
  Süßmost wird in der Menge von 10% des Faßinhaltes mit Reinzuchthefe versetzt. Erreicht dieser Ansatz die Phase der stürmischen Gärung, wird er dem „Restzuckermost" beigegeben. Nachdem die Gärung beendet ist, wird der Most vom Geläger abgezogen, filtriert und stabil ausgebaut.

* Rascher Verbrauch
* Scharfe Filtration mit starker Schwefelung

Neben Kaliumpyrosulfit findet Schwefel auch in anderen Formen und Bereichen in der Kellertechnik Anwendung.

Schwefelschnitten (reiner Schwefel) zur Trockenkonservierung von Holzfässern

Durch das Abbrennen von Schwefelschnitten in ausgewaschenen und ausgetrockneten Holzfässern, können diese konserviert werden.

Trockenkonservierung mittels Schwefelschnitte

Schwefelschnitten sind mit einem feinen Belag elementarem Schwefel überzogen. Dieser Schwefel bindet sich bei der Verbrennung mit Sauerstoff zu Schwefeldioxyd.

Das entstandene Schwefeldioxyd wirkt im Holzfaß:

1. Hemmend auf die Keimvermehrung
2. Es wird Sauerstoff verbrannt, so daß die Lebensgrundlage der Mikroorganismen entzogen wird.

Der Schwefeleinschlag sollte allmonatlich erfolgen. Trocken konservierte Fässer sind vor Gebrauch mit Sodalösung zu reinigen und gut zu wässern, da sich durch öfteres Abbrennen von Schwefelschnitten Schwefelsäure bildet.

200 l Faßinhalt	1 Schwefelschnitte
400 l Faßinhalt	1,5 Schwefelschnitten
800 l Faßinhalt	2 Schwefelschnitten
1600 l Faßinhalt	3 Schwefelschnitten

Schwefelige Säure

Im Handel befindet sich eine 5- bis 6%ige Schwefelige Säure, die sich durch Verdünnung mit Wasser auf 2% zur Sterilisierung von Flaschen, Korke etc. und zur Naßkonservierung von Holzfässern eignet.

Die Verdünnung (Rechengang):

$$\frac{\text{vorhandene \%}}{\text{gewünschte \%}} - 1 = \text{zuzusetzende Wassermenge}$$

z. B.: $\frac{5}{2} - 1 = 1{,}5$

Dies bedeutet, daß zu 1 l 5%iger Schwefeliger Säure 1,5 l Wasser zuzusetzen sind, um eine 2%ige Lösung zu erhalten.

Naßkonservierung von Holzfässern

Nach gründlicher Reinigung wird das Holzfaß zur Hälfte mit Wasser gefüllt. Danach gibt man pro 100 l Faßinhalt 1 Liter Schwefelige Säure hinzu (d. h. für ein 300-l-Faß benötigt man 3 Liter 5%ige Schwefelige Säure). Nun wird mit Wasser das Faß spundvoll gefüllt – umgerührt und verspundet. Durch dieses Mischungsverhältnis erhält man eine 0,05%ige Konservierungslösung, die jegliche Vermehrung von schädlichen Mikroorganismen (Essigsäurebakterien etc.) unterbindet. Das Faß kann auch nicht austrocknen, so daß diese Methode die sicherste Art der Holzfaßkonservierung darstellt. Die Verdunstungsverluste sind fallweise durch Wasser zu ersetzen.

Die Schwefelung des Gärmostes – Zusammenfassung

Warum?

* um schädliche Mikroorganismen zu unterdrücken (Essigsäurebakterien, Buttersäurebakterien,)
* um Gärnebenprodukte (Acetaldehyd) abzubinden
* um Bräunungen (Oxydation) zu verhindern

Womit?
Zur Maische-, Preßsaft- und Mostschwefelung kommt nur **Kaliumpyrosulfit** in Frage (Briefchenform mit 10 g Inhalt oder aber auch lose in kg-Packungen).

Wie?
Kaliumpyrosulfit wird, bevor es dem Faß beigemischt wird, in einer kleinen Menge Most gelöst. Anschließend erst dem Faßinhalt beischütten und gründlich mischen (mind. 15 min. pro 1000 Liter – am besten mit einem Bohrmaschinenrührwerk).

Wann und in welcher Menge?
* Vor der Gärung 5 g pro 100 Liter
* Beim Abziehen vom Geläger nochmals 10 g pro 100 Liter
* Während der Lagerung nach Bedarf aufgrund von Laboruntersuchungen – anzustreben ist ein gleichbleibender Gehalt an „freier Schwefeliger Säure" von 25–30 mg/l (Berechnung siehe Kapitel „Aufschwefeln")

Was versteht man unter „freier Schwefeliger Säure"?
Die beigegebene Schwefelige Säure (Kaliumpyrosulfit) wird zum Teil gebunden (Mikroorganismen, Gärnebenprodukte), und zum anderen bleibt sie als ungebundene, sogenannte „freie Schwefelige Säure" vorhanden. Nur diese „freie Schwefelige Säure" ist aktiv und bildet eine Schutzwirkung. Erst dann, wenn der Gehalt an freier Schwefeliger Säure über mehrere Wochen gleich bleibt, sind mikrobiologische Vorgänge abgeschlossen; man spricht dann von einem „stabilen" Most.

9. Schönung

9.1 Die Schönung von Obstmost

Unter Schönung versteht man das Zusetzen von Schönungsmitteln zwecks Bindung unerwünschter Stoffe. Es ist dies ein rein physikalischer Vorgang, bei dem durch Ladungsausgleich Flocken gebildet werden, die durch die Schwerkraft absinken.

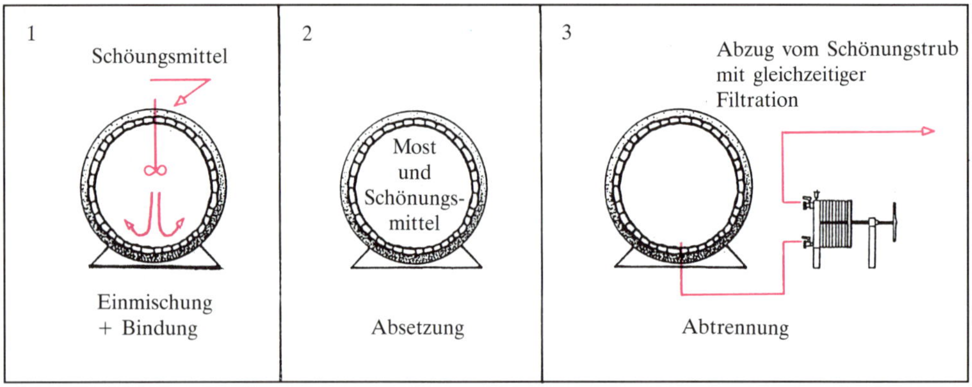

Gründe dafür können sein:
* Den Most klären
* Den Most stabilisieren
* Geschmacks-, Farb- oder Geruchsfehler beheben
* Filtrierbarkeit erhöhen

Die älteste und auch heute noch am meisten eingesetzte Schönungsart ist die zur **Klärung trüber** Obstmoste

Schon im 16. Jahrhundert wurde diese Schönungsart bei Traubenwein praktiziert, damals noch mit Eiereiweiß – heute verwenden wir dafür Gelatine.

Egal, ob nun eine Schönung zwecks Trubbeseitigung, Eiweißbindung oder zwecks Gerbstoffminderung eingesetzt wird – einige **Grundvoraussetzungen müssen immer erfüllt werden:**

1. **Der zu schönende Obstmost darf nicht mehr gären.**
2. **Der Most muß vom Geläger gezogen sein.**
3. **Je niedriger der pH-Wert, desto besser „zieht" eine Schönung.**
4. **Das entsprechende Schönungsmittel muß in richtiger Dosierung (Vorversuche) vorliegen.**
5. **Gewissenhafte Vorbereitung des Schönungsmittels sowie gute Verteilung im zu schönenden Getränk.**

9.2 Schönungsmittel

Die größten Schwierigkeiten bereiten für den Laien die unterschiedlichsten Arten, Bezeichnungen und Konzentrationen der Schönungsmittel.

Die folgende Tabelle zeigt eine kleine Aufstellung von Schönungsmitteln, die mit Sicherheit nicht vollständig sein kann, aber die häufigst verwendetsten Mittel auflistet.

Schönungsmittel	Warenbezeichnung	Konzentration	Verwendungszweck
Gelatine	Erbigel Gelita klar	100%ig pulverförmig 20%ig flüssig	zur Klärung – mit starker Gerbstoffbindung zur Klärung
Kieselsol	Blankasit Gerbinol neu Klarsol super Sihasol	15%ig 15%ig 30%ig alle flüssig	nur in Verbindung mit Gelatine wirksam
Bentonit	Albumex Eiwex neu Seporit 2000 Nacalit Aktivit 2000	alle pulver- förmig oder granuliert in 100%iger Form	zur Bindung von Eiweiß
Kohle	Ercarbon Fa, Ge, Bi Granucol Fa Granucol Ge Granucol Bi	staubförmig granuliert granuliert granuliert	je nach Art können Farb-, Geruchs- oder Geschmacksfehler be- seitigt werden

9.3 Prinzip einer Schönung

Grundvoraussetzung jeder Art von Schönung ist es, daß sowohl das verwendete Schönungsmittel als auch der ungewünschte Weininhaltsstoff nach der Schönung im Schönungstrub wiederzufinden sind.

Vereinfacht gesagt, ist das Prinzip einer Schönung in den meisten Fällen ein Ladungsausgleich. Ein Schönungsmittel mit positiver Ladung bindet Trubbestandteile, die negativ geladen sind. Durch das Zusammenprallen beider Stoffe kommt es zu einer spezifischen Gewichtserhöhung und das Kolloid sinkt zu Boden. Somit ist sowohl das Schönungsmittel als auch der auszuschönende Stoff gebunden. Durch Abzug vom Schönungsgeläger mit gleichzeitiger Filtration erfolgt die Trennung vom Getränk.

Die mit Sicherheit in der Obstmostproduktion am häufigsten angewendete Schönungsart ist die zur Trubbeseitigung.

Nachdem die Schönung eingerührt wurde (hier eine Gelatine-Kieselsolschönung im Vorversuch), kommt es zu einer Flockenbildung – diese setzen sich am Boden ab – der Most wird blank.

9.4 Klärschönung

Wenn nach Abschluß der Gärung (Clinitest) der Most keine Anzeichen einer Klärung zeigt, so muß nach spätestens 3 bis 4 Wochen diese durch vorherigen Abzug vom Geläger mit anschließender Schönung herbeigeführt werden. Zu diesen Klärmitteln zählen Gelatine, Eiweiß, Hausenblase und unter bestimmten Voraussetzungen auch Bentonit.

Hausenblase

Sie wird aus den Schwimmblasen des Hausenfisches gewonnen. Ihr Einsatzbereich liegt bei hohen pH-Werten bzw. bei geringen Temperaturen, z. B. Schönung von Birnenmosten oder Moste in Außentanks.

Gelatine

Gelatine ist das Schönungsmittel, welches in der Obstmostbereitung am häufigsten verwendet wird. Gewonnen wird Gelatine aus Häuten, die beim Erhitzen mit Wasser erst Gelatine und später Leim ergeben. Gelatine findet in der Lebensmitteltechnologie häufig Anwendung, sei es bei Aufstrichen, Fruchtdesserts, Süßwaren etc. Diese muß aber sauer aufgeschlossen sein. Normale Speisegelatine ist basisch aufgeschlossen.

In der Kellerwirtschaft finden drei Formen Anwendung:

1. **Blattgelatine**
   Findet heute fast keine Verwendung mehr, da sie vorher umständlich in warmem Wasser aufgelöst werden muß.

2. **Pulverförmige Gelatine**
   Liegt in 100%iger Form vor und wird sowohl zur Gerbstoffminderung (starke Polyphenolbindung) als auch zur Klärschönung eingesetzt. Hauptanwendungsgebiet sind daher gerbstoffreiche Birnenmoste. Die pulverförmige Gelatine muß ebenfalls

vor der Anwendung in einen flüssigen Zustand gebracht werden. Diese Vorbereitungsarbeit, die sehr gewissenhaft durchgeführt werden muß, ist es auch, die im Normalfall der flüssigen Gelatine den Vorzug gibt.

3. Flüssige Gelatine
Hier liegt die Gelatine in einer Lösung von 20% vor. Wegen der einfachen und doch sicheren Wirkung wird diese im Regelfall eingesetzt.

Warum wird Gelatine meist in Kombination mit Kieselsol eingesetzt?
Bei sehr trüben Mosten oder bei Obstweinen mit geringem Gerbstoffgehalt ist häufig eine nur unvollständige Ausflockung der zugesetzten Gelatinemengen feststellbar. Hier bleibt möglicherweise Gelatine als Eiweißsubstanz zurück und kann zu Nachtrübungen führen. Aus diesem Grunde sollte die Gelatinebehandlung nur als Kombinationsschönung mit Kieselsol vorgenommen werden. Damit ist die Anwendung ohne Risiko und der Erfolg gesichert. Darüber hinaus bewirkt besonders die kombinierte Anwendung von saurem Kieselsol (z. B. Blankasit) zudem eine meist bessere und intensivere Klärung. Dies gilt besonders bei pH-Bereichen von 3,4 bis 3,9 – ein Bereich, in dem sich der Obstmost zu 90% aller Fälle bewegt. Dies sind die Gründe, warum Gelatine nur in Kombination mit Kieselsol verwendet werden soll.

Faustzahlen für Schönungen

Sehr trübe Moste
120 ml 15%iges Kieselsol
60 ml flüssige Gelatine bzw. 12 g feste Gelatine

Leichte Trübung
60 ml 15%iges Kieselsol
30 ml flüssige Gelatine bzw. 6 g feste Gelatine
Sollen Gerbstoffe entfernt werden, so sind Kieselsolpräparate im Handel, die etwas teurer sind, aber eine höhere Gerbstoffbindung aufweisen. Zusätzlich sollte anstatt der flüssigen feste Gelatine verwendet werden, die ebenfalls Polyphenole (Gerbstoffe) stärker bindet. (Angaben beziehen sich auf 100 l)

Flüssige Gelatine

Feste pulverförmige Gelatine

Um jedoch vor jeder Schönung sicher zu gehen, sind **Vorversuche** anzuraten. Folgende Möglichkeiten stehen für diesen Zweck zur Verfügung:

1. Oenotest
2. Anstellen von Vorversuchen mit den vorhandenen Schönungsmitteln

Durchführung von Schönungsvorversuchen mit Gelatine

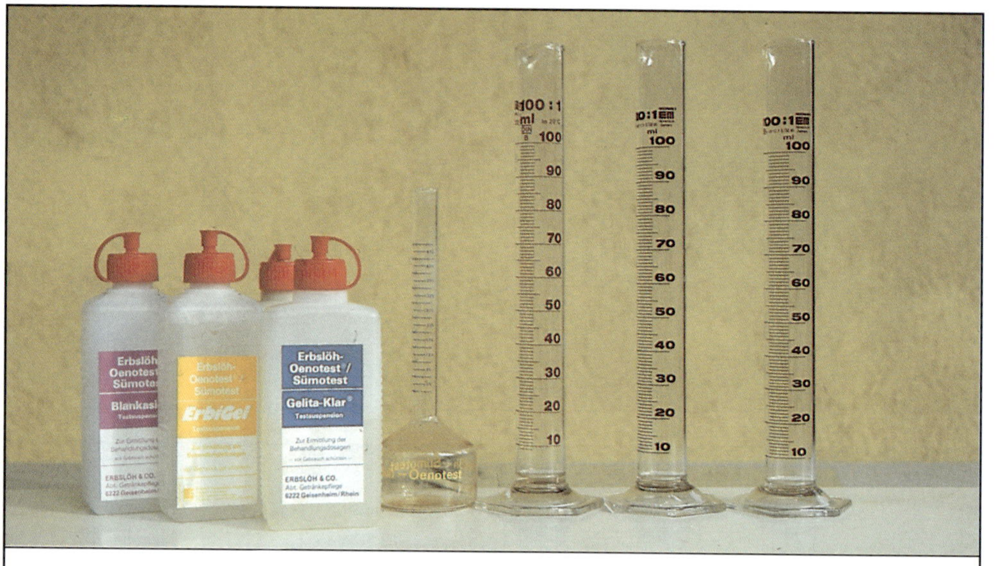

Der Oenotest: Testlösungen und Kolben für Schönungsvorversuche

Oenotest

Als einfachste und sicherste Methode hat sich der Oenotest von ERBSLÖH erwiesen. Dabei werden Testlösungen sowie ein genauer Testkolben verwendet. Einfache Anwendung sowie genaue Aussage sind garantiert. Wenn diese Geräte (im Weinfachhandel um einige hundert Schilling erhältlich) nicht zur Verfügung stehen, kann man sich an ein einschlägiges Most- oder Weinlabor wenden.

Anstellen von Vorversuchen mit den vorhandenen Schönungsmitteln

Für diese Vorversuche werden 1- bzw. 10%ige Testlösungen benötigt.

1prozentige Gelatinelösung:

10 g feste Gelatine
990 ml Wasser } **1 Liter Testlösung** { 50 ml flüssige Gelatine
950 ml Wasser

10prozentige Kieselsollösung:

1 Liter Testlösung { 100 ml Kieselsol
900 ml Wasser

3 bis 5 Standzylinder werden mit je 100 ml Most gefüllt. Mit der Pipette werden nun steigende Mengen der Testlösung beigegeben. Eine genaue 1-ml-Pipette ist dazu erforderlich.
Zuerst wird die Kieselsollösung zupipetiert, gut verteilt und im Anschluß daran erst die Gelatinetestlösung. Nach guter Durchmischung bleibt der Zylinder einige Stunden ruhig stehen. Der Schönungsvorversuch mit der besten Klärung wird für die Faßschönung verwendet.

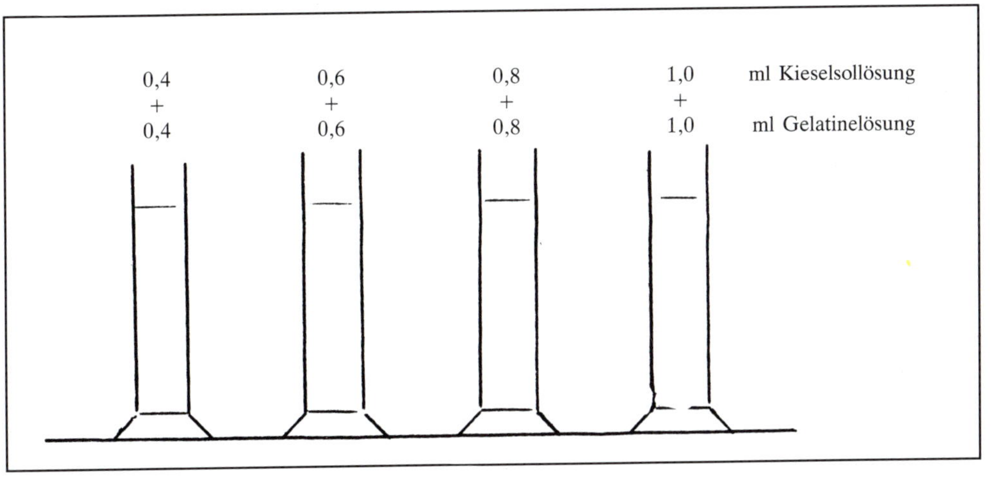

Die Kieselsol-Gelatinemengen werden steigend laut Tabelle dazugegeben:

Glas-Nr.	Kieselsol, 15%ig		Gelatine, flüssig		Gelatine, pulverförmig	
	Zugabe im Vorversuch	Zugabe ins Faß/100 l	Zugabe im Vorversuch	Zugabe ins Faß/100 l	Zugabe im Vorversuch	Zugabe ins Faß/100 l
1	0,4 ml	40 ml	0,4 ml	20 ml	0,4 ml	4 g
2	0,6 ml	60 ml	0,6 ml	30 ml	0,6 ml	6 g
3	0,8 ml	80 ml	0,8 ml	40 ml	0,8 ml	8 g
4	1,0 ml	100 ml	1,0 ml	50 ml	1,0 ml	10 g
5	1,2 ml	120 ml	1,2 ml	60 ml	1,2 ml	12 g

Überprüfung des Ergebnisses

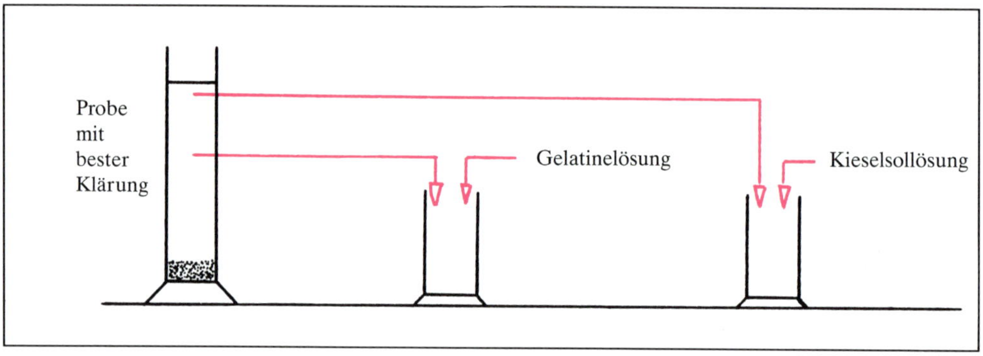

Die Probe mit der besten Klärung wird abfiltriert und auf zwei Teile aufgeteilt. Zu einem Teil gibt man einige Tropfen der Gelatinelösung, zum anderen Teil einige Tropfen der Kieselsollösung. **Damit kann eine Über- oder Unterschönung ausgetestet werden.**
Kommt es nach der Zugabe der Gelatinetropfen zu einer Trübung, so ist eine Unterschönung vorhanden – es wurde zuwenig Gelatine verwendet.
Kommt es nach der Zugabe der Kieselsoltropfen zu einer Trübung, so ist eine Überschönung vorhanden – es wurde zuviel Gelatine verwendet.

9.5 Stabilisierungsschönung

Anders als bei Traubenweinen, hat man bei Obstmosten relativ wenig mit Eiweißtrübungen zu tun. Trotzdem können jahrgangsbedingt erhöhte Eiweißmengen festgestellt werden. In der Süßmostherstellung bereitet das Eiweiß bei der Erhitzung mehr Probleme als in der Gärmostbereitung, da durch die Gärung und den anschließenden Behandlungsschritten ein ständiger Abbau erfolgt, d. h. die größte Eiweißmenge ist immer im Preßsaft zu finden.

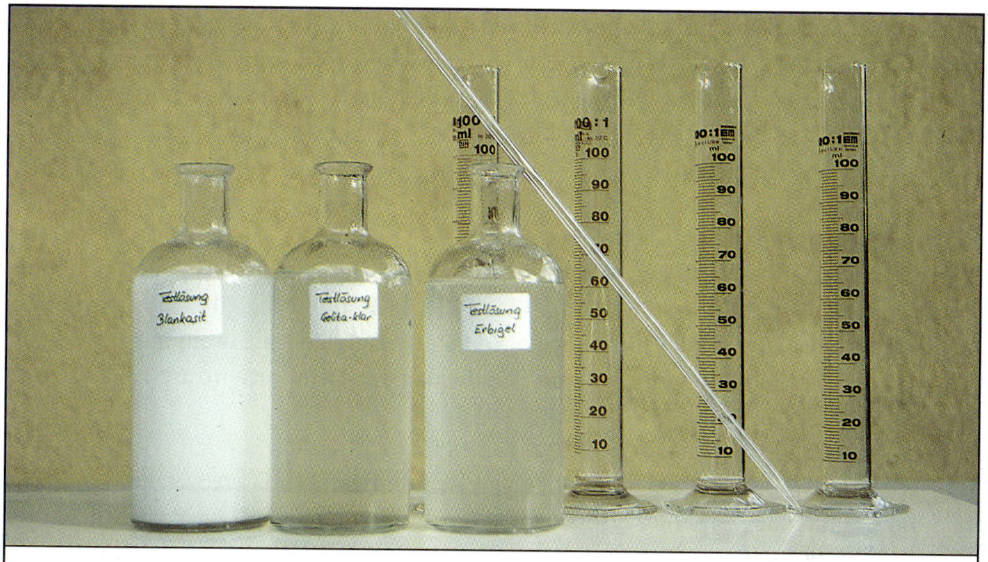

Schönungsvorversuch mittels vorhandenen Schönungsmitteln

Eiweiß kann im vergorenen Getränk zu einer Nachtrübung führen. Auslösende Faktoren sind entweder Temperatur- bzw. eine pH-Wert-Änderung (Verschnitt, Säureabbau, etc), aber auch Inhaltsstoffe wie **Eisen** oder **Gerbstoffe** können sich mit Eiweiß zu einer hartnäckigen Trübung entwickeln. Gerade der letztgenannte Fall kommt in der Obstmostbereitung häufig vor. Leicht zu erkennen ist diese Trübung, wenn der Most im Kühlschrank weiß wird und nach dem Herausnehmen bei Zimmertemperatur die gewohnte Farbe wieder bekommt. Eiweiß-Gerbstofftrübungen sind aber vom Behandlungsstandpunkt kein Problem. Besonders unangenehm ist dies aber dann, wenn der Obstmost bereits auf Flasche liegt. Ein neuerliches Entleeren, Schönen, Filtrieren und Füllen bereitet einerseits sehr viel Arbeit, und andererseits bekommt dem Getränk eine solche Belastung nicht sehr gut. Es ist daher unbedingt notwendig, gerade bei der Flaschenfüllung auf das Vorhandensein von Eiweiß Rücksicht zu nehmen.
Mit der **Bentonitschönung** hat man eine sichere Möglichkeit, solche Eiweißstoffe aus

dem Wein herauszunehmen. Es ist bekannt, daß bei einer reinen Gelatineschönung, die nicht in Kombination mit Kieselsol durchgeführt wurde und bei der es aufgrund mangelnder Vorversuche zu einer Überschönung kam (zuviel ungebundene Gelatine im Obstmost), nachträglich Trübungen eintreten können. Diese Gelatineüberschönungen sind ebenfalls mit Bentonit zu behandeln. Soll Obstmost in Flaschen gefüllt werden, so ist auf eine gründliche chemische Analyse nicht zu verzichten. Das Risiko von Nachtrübungen oder Nachgärungen (Restzucker) ist einfach zu groß.
Eiweiß läßt sich im Getränk entweder mit dem **Bentotest** oder auf sichere Art mit dem **Wärme-Kälte-Test** nachweisen (Eiweißnachweiß, siehe Flaschenfüllung).

Bentonit als Schönungsmittel

Anwendungszeitpunkte

Bei der **Süßmostbereitung** wird Bentonit im Zuge der Kieselsol-Gelatine-Schönung angewendet, indem man zum Schluß 50 bis 100 g/hl Bentonit beigibt. Dies garantiert, daß bei der Erhitzung in der Süßmostglocke kein thermolabiles Eiweiß ausfallen kann.
Bei der **Gärmostbereitung** gibt es zwei Möglichkeiten, Bentonit einzusetzen:

1. Vor der Gärung

50 bis 150 g/hl in den Entschleimtank beigemischt unterstützt das Absetzen des Trubes und die Bindung des Eiweißes. Eine frühzeitige Entfernung von Eiweiß ist von Vorteil, da eine spätere Bentonitschönung im vergorenen Getränk sowohl Farb-, Geruchs- und Geschmacksstoffe angreift. Besonders deutlich wird dies bei höheren Aufwandsmengen. Durch den Abzug vom Entschleimungstrub kommt es wieder zur Trennung (näheres, siehe „Entschleimen“). Es besteht auch die Möglichkeit, Bentonit vor der Gärung beizugeben und die Trennung erst im Zuge des 1. Abstiches vorzunehmen. Im Geläger befindet sich dann das gebundene Bentonit. Der Vorteil liegt in der Einsparung eines Arbeitsganges.

2. Vor der Flaschenfüllung

Egal, ob nun eine Bentonitschönung vor der Gärung durchgeführt wurde oder nicht, im Zuge der chemischen Kontrolle, die vor der Flaschenfüllung sowieso unbedingt erledigt werden muß, sollte auch auf die Anwesenheit von Eiweiß untersucht werden. Dieser Anwendungszeitpunkt ist die letzte Möglichkeit, Eiweiß aus dem Getränk zu entfernen. Vorversuche sind hier aber unerläßlich.
Bei der Bentonitschönung werden gleichzeitig unerwünschte, während der Gärung durch Bakterien gebildete biogene Amine (Aminosäuren) wie Histamin und Tyramin entfernt, denen teilweise die Unverträglichkeit der Moste und sogar Kopfschmerzen zugeschrieben werden.

3. Eine steckengebliebene Gelatine-Schönung kann sehr gut mit 100 g/hl Bentonit niedergerissen werden.

Wichtig:
In der Praxis hat sich gezeigt, daß Flaschentrübungen in erster Linie auf Nachgärungen zurückzuführen sind und seltener auf Eiweiß.

Anwendungsmengen für Bentonit

Die gesetzliche Höchstmenge liegt bei 400 g/hl. In der Obstweinbereitung sind diese hohen Werte im Normalfall nicht notwendig.

Leichte Schönung:	50–100 g/hl
Mittlere Schönung:	100–200 g/hl
Starke Schönung:	200–400 g/hl

Da, wie bereits besprochen, bei größeren Mengen die Farbe, der Geruch und der Geschmack angegriffen wird, sind beim Einsatz im vergorenen Obstmost unbedingt Vorversuche anzustellen (Mostlabor).

Vorquellung – Durchführung
Die abgewogene Menge wird langsam in die 4- bis 5fache Wassermenge unter ständigem Rühren eingestreut. Nach einigen Stunden hat sich das Bentonit am Boden abgesetzt, und die überstehende Menge an Wasser kann abgezogen und weggeschüttet werden. Die nun klumpenfreie Bentonitmenge wird mit etwas Obstmost angerührt und unter ständigem Rühren dem Faßinhalt beigegeben. Um eine optimale Bindung zu erreichen, ist es notwendig, das Rührwerk schon vor Zugabe des Bentonites einzuschalten und dann in Intervallen von einigen Stunden noch zwei- bis dreimal durchzumischen. Nur eine gute Durchmischung führt zu einer entsprechenden Bindung. Nach dem Absetzen des Schönungstrubes kann abfiltriert werden.

Bentonitschönung und pH-Wert
Je niedriger der pH-Wert (3,8 abwärts), desto reaktionsfreudiger läuft die Schönung ab. Dies bedeutet, daß bei Mosten mit niedrigem pH-Wert geringere Bentonitmengen erforderlich sind, da die Adsorption größer ist. Für niedrige pH-Bereiche bis 3,5 werden Ca-Bentonite, für höhere pH-Werte über 3,5 werden Na/Ca-Mischbentonite eingesetzt.

Granuliertes Bentonit

Für die Praxis gilt daher:
Frühzeitige Trennung des Eiweißes aus dem Getränk, am besten während des Entschleimens, denn dadurch erreicht man:
* Frühzeitige Eiweißstabilität
* Geringeren SO_2-Bedarf durch die Entfernung von Schwefelbindern (Polyphenoloxydasen)
* Reintönigere Säfte – vor allem bei hohem Anteil an faulem Obst
* Raschere Eiweißbindung, da die Fruchtsäuren noch stärker vorhanden sind und die Reaktion rascher abläuft

9.6 Kohleschönung

Eine Kohleschönung wird nur zur **Fehlerbeseitigung** angewendet. Farb-, Geruchs- und Geschmacksfehler dürften bei gesundem Ausgangsprodukt und idealer Kellerwirtschaft normalerweise nicht entstehen.

Granulierte Kohle

Es ist um vieles einfacher, Fehler zu vermeiden als hinterher entstandene Schäden mit erhöhtem Aufwand zu beseitigen.
Kohle kommt als feinvermahlenes Pulver oder in granulierter Form in den Handel. Durch den enormen Feinheitsgrad der Kohle können sich an deren Oberfläche diese negativen Geruchs- und Farbstoffe anhaften.
Der Ruf nach einer Kohleschönung soll gut überlegt sein, denn Kohle greift den Most bei zu hoher Dosierung radikal an. Meist genügt schon eine Gelatine-Kieselsolschönung, die neben den Trubbestandteilen auch Farb-, Geruchs- und Geschmacksstoffe bindet. Aber auch ein Umziehen mit gleichzeitiger Schwefelung kann bestimmte Fehler mindern. Kohleschönungen sind ohne Vorversuche nicht zu empfehlen.
Sie muß zuerst angeteigt werden, da ansonsten die Bindung mit dem Faßinhalt wegen der enormen Feinheit der Kohle nicht zustandekommt (Luft muß ausgetrieben werden). Anschließend wird die Kohle unter ständigem Rühren beigeschüttet (mind. 15 Minuten), absitzen gelassen und innerhalb von 2 Tagen abfiltriert. Um die Bindungskraft der Kohle nicht unnötigerweise zu strapazieren, darf diese nur bei klaren Obstweinen eingesetzt werden. Die Klärwirkung wäre ohnehin nicht sehr groß.
In besonders schweren Fällen, wo der Most nach der Kohlebehandlung zwar fehlerfrei,

aber leer und ausgezogen schmeckt, empfiehlt sich zuweilen eine radikale Anwendung der Kohle und die nachfolgende Umgärung.

Schönen – Zusammenfassung

1. Most darf nicht mehr gären!
2. Kellertemperatur: mind. 10° C
3. pH-Wert des Mostes: Je niedriger, desto besser! Birnenmoste besitzen meist einen höheren PH-Wert (3,8–4,0).
4. CO_2-Gehalt: Je höher der Gehalt, desto schwieriger wird eine Schönung.
5. Wenn notwendig, den Säuregehalt vor der Schönung korrigieren!
6. Niemals am Geläger schönen – vorher vom Geläger Abziehen!
7. Vorbereitung der Schönungsmittel:
   Flüssige Schönungsmittel
   Diese werden, bevor sie dem Faß beigeschüttet werden, in einer kleineren Mostmenge (10-Liter-Kübel) eingerührt. Anschließend wird das Gemisch in dünnem Strahl unter ständigem Rühren dem Faß beigeschüttet.
   Feste Schönungsmittel
   Z. B. Gelatine-kristallförmig: Diese wird in 40° C warmem Wasser gelöst und stehengelassen. Dadurch beginnt sie zu quellen. Danach wird die gequollene Gelatine in 5facher Menge Wasser angerührt und in dünnem Strahl unter ständigem Rühren dem Faß beigeschüttet.
   Z. B. Bentonite: Diese werden zuerst vorsichtig in Wasser gelöst, 10 Teile Wasser mit einem Teil Bentonit. Das Gemisch bleibt anschließend 12 Stunden stehen. Am nächsten Tag hat sich am Boden des Gefäßes das Bentonit abgesetzt – das Wasser schwimmt obenauf. Dieses Wasser wird nun weggeschüttet und das Bentonit mit etwas Most verdünnt und dem Faß unter ständigem Rühren beigeschüttet.
8. Verteilung im Faß: Mit mind. 30% am Erfolg beteiligt ist eine gleichmäßige Verteilung im Faß. Dies erreicht man durch ein mind. 20minütiges Rühren mit einem Propellermischgerät an einer Bohrmaschine bei 1000 Liter Faßinhalt.
9. Mindestens 20 Minuten zwischen den einzelnen Schönungsmittelzugaben warten, damit sich die einzelnen Stoffe abbinden können.
10. Nach dem Absetzen des Schönungstrubes muß umgezogen werden.

10. Filtration

10.1 Die Filtration von Obstmost mit Schichtenfilter

Wenn man heute am Markt bestehen will, ist es unumgänglich, seinen Obstwein glanzhell zu bringen, d. h. zu filtrieren. Besonders bewährt hat sich in der Obstweinproduktion die Schichtenfiltration. Dabei wird der Most durch Zelluloseschichten gedrückt, wobei in und an den Schichten Trubbestandteile haften bleiben. Der Most verläßt den Filter trubfrei.

Filterprinzip
Alle Filterschichten sind parallel geschaltet, die Flüssigkeit fließt nur durch eine Schicht. Es können auch weniger Filterschichten eingesetzt werden – dann ist eben die Filtermengenleistung geringer.

Schichtenfilter

Filtergrößen
Bei den Schichtenfiltern sind drei Größen anzutreffen: 20er-, 30er- und 40er-Filter. Diese Zahl gibt die Filterschichtengröße in cm an. Ein 30er-Filter hat Filterschichten mit einer Größe von 30 cm x 30 cm. Für kleine Betriebe, die nur geringe Mengen zu verarbeiten haben, sind Geräte mit 20 x 20 cm im Handel. Die Leistung ist relativ gering. Aus den Weinbaugebieten stammen oft Gebrauchtgeräte mit 40 x 40 cm Filterplattengröße. Diese haben eine entsprechend große Leistung. Hauptsächlich sind in der Obstweinbereitung Schichtenfilter mit der Größe 30 x 30 cm anzutreffen. Hier gibt es auch wenig Schwierigkeiten bei der Beschaffung von entsprechenden Filterschichten verschiedener Klärschärfe.

Die Filtrationsschärfe
Wie stark filtriert wird, hängt von der Filterschichtenwahl ab. Beim Abzug vom Geläger werden Schichten verwendet, die keine so große Dichte aufweisen. Es geht nur darum, daß der Trub zurückgehalten wird. Will man aber eine Flaschenfüllung durchführen, so muß erstens der Obstwein schon blank sein, bevor er zur Filtration gelangt. Denn hier werden so feine Schichten verwendet, die sogar Hefen zurückhalten können (sogenannte Entkeimungs- oder Sterilschichten). Die einzelnen Herstellerfirmen von Filterschichten haben für diesen Zweck eigene Übersichtstabellen, auf denen die Bezeichnung, die Filtrationsschärfe und die Mengenleistung ersichtlich ist.

Für den ersten Abstich:		K 700
Nach gut abgesetzten Schönungen:		K 200
Zur Flaschenfüllung:	Most durchgegoren	KS 80
	Most mit Restzucker	EK
	Most mit Säureabbau	EK 1

Da diese Filterschichten aus Zellulose bestehen, ist es vor der eigentlichen Filtration unbedingt notwendig, daß diese gewässert werden. Dabei wird zuerst der Filter mit den Schichten gepackt und anschließend Wasser durchgepumpt, bis dieses geschmacksneutral austritt. Erst dann kann mit der Filtration begonnen werden.

Sterilschichten (EK-Schichten)
Diese Entkeimungsschichten haben eine niedrigere Filtrationsleistung als die Klärschichten und sollen nur nach Vorfiltration über Klärschichten eingesetzt werden, denn die feinen Poren sollen ausschließlich Mikroorganismen und keine Trubstoffe herausfiltrieren. Hier darf der Filtrationsdruck auch nicht über 1,5 bar steigen, da ansonsten diese Mikroorganismen durch die Schicht gedrückt werden könnten.

Filteranlage

Eine solche Filtrationsanlage besteht aus Filter, Pumpe und Schlauchzeug. Für kleinere Mostmengen rentieren sich solche Anlagen nur selten – hier wäre es sinnvoller, sein Getränk filtrieren zu lassen oder ein Gemeinschaftsgerät anzuschaffen.

Reinigung

Eine besondere Beachtung muß der Reinlichkeit geschenkt werden. Nach jeder Filtration müssen die Schläuche durchgewaschen, die Filterplatten gereinigt und abgespült werden. Vor einer Entkeimungsfiltration muß der Filter zuerst gründlichst gereinigt (hier vor allem auf die Filterplattenkammern achten), zusammengestellt und letztendlich desinfiziert werden (siehe „Flaschenfüllung“).
Schläuche müssen immer austropfen können. Am geeignetsten ist ein schräges Brett. Auf keinen Fall dürfen die gereinigten Schläuche am Boden zusammengerollt liegenbleiben. Hier können sich, da die Feuchtigkeit nicht entweichen kann, Mikroorganismen in aller Ruhe entwickeln.

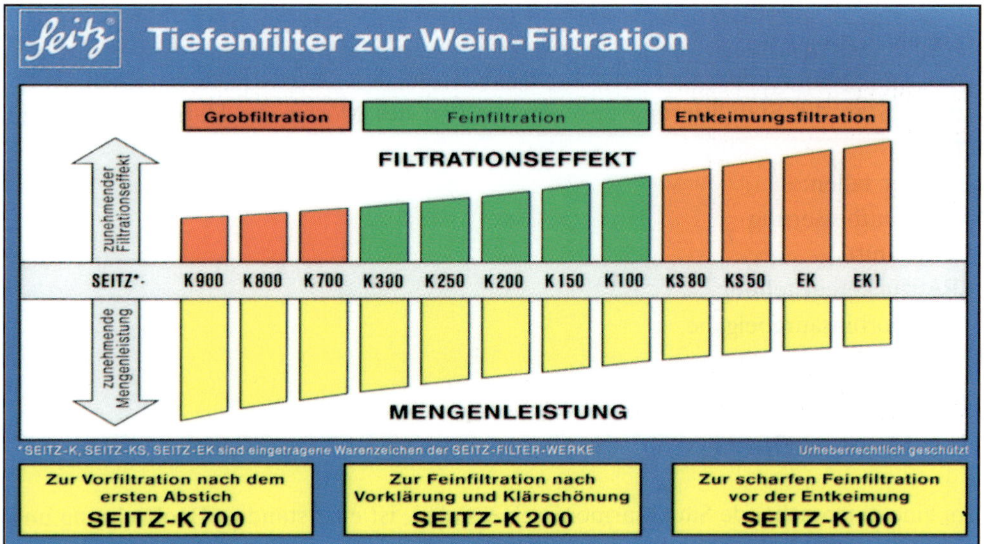

Tiefenfilter zur Filtration

10.2 Die Kieselgurfiltration

Große Leistung bei gleichzeitig geringen Filtrationskosten machen dieses Gerät für Großbetriebe interessant.
Als Filtrationselement dient die Kieselgur. Sie stammt von mikrobiologisch kleinen einzelligen Meereslebewesen, den Kieselalgen. Kieselgur bindet durch das große Porenvolumen und durch elektrostatische Kräfte auch Trubbestandteile von weniger als 0,001 mm Größe. Es ist unlöslich und beeinträchtigt den Obstmost nicht.
Moderne Kieselguranschwemmfilter sind stehende Kieselfilter, in denen Platten als Filterelemente entsprechend angeordnet sind. Vor der Filtration wird eine geringe Menge Gur auf die Filterelemente angeschwemmt, und während der Filtration wird ständig Kieselgur zudosiert. Der Obstmost muß durch diesen aufgebauten Filterkuchen und wird dabei von seinen Trubbestandteilen gereinigt.

11. Harmonisierungsmaßnahmen

Harmonisierung
Um die endgültige Güte, Geschmacksharmonie und den Charakter zu erreichen, ist im Anschluß an die Stabilisierung und den Ausbau des Mostes die Harmonisierung zu setzen.
Darunter fallen:
* Säureaufbesserung
* Verschnitt
* Restzuckereinstellung
* L-Ascorbinsäurebeigabe
* Kohlensäureanreicherung

11.1 Säureaufbesserung

Um eine entsprechende Säureharmonie zu erzielen, ist eine ständige Beobachtung und Verkostung der lagernden Moste notwendig. Moste mit gleicher titrierbarer Säure können unterschiedlich sauer schmecken. Durch Verschnitt bzw. durch Säureaufbesserung mittels Zitronensäure besteht die Möglichkeit, den Säuregehalt zu regulieren. Eine Steigerung des Säuregehaltes nach der Gärung mittels Zitronensäure ist nur um 1 bis 1,5 Promille möglich. Mehr würde aufdringlich und spitz wirken.

Für die Steigerung von 1 Promille sind 10 dag Zitronensäure pro 100 Liter Most notwendig.

Die Zugabe hat in gelöster Form mit anschließender Durchmischung zu erfolgen. Apfelmoste oder Moste aus unreifem Obst weisen oftmals einen zu hohen Säuregehalt auf. Dieser kann praktisch nur mittels Verschnitt mit einem säureärmeren Most reduziert und somit harmonisiert werden.

11.2 Verschnitt

Kein Verschnitt ohne Vorversuch!

Im Verschnitt liegt oftmals das Geheimnis guter Moste. Hier können Geschmacksrichtungen hervorgehoben oder gedämpft werden.

Gründe für einen Verschnitt können vielfältig sein:
* **Um eine gleichbleibende Qualität zu erreichen,** d. h. um Faßunterschiede auszugleichen
* **Um Mängel zu beseitigen:** zu hohe oder zu niedrige Säure, Überdeckung einer Geschmacksrichtung verursacht durch eine bestimmte Obstsorte;
* **Um Fehler zu beseitigen;** bei Überschwefelungen oder Übersäuerungen kann durch den Verschnitt eine Verringerung dieser Werte erzielt werden.

11.3 Restzuckereinstellung

Eine bestimmte Konsumentenschicht wünscht Obstmoste mit leichtem Restzuckergehalt. Ein Restzuckergehalt von 5 bis 10 g/l kann den Most runder und süffiger gestalten. Die Schwierigkeit liegt weniger im Erreichen als im Erhalten des Restzuckers. Daher ist diese Methode nur in zwei Fällen möglich:
1. **Im Buschenschank,** wo eine bestimmte Menge von Restzuckermost für kurze Zeit hergerichtet, kühl gelagert und sofort wieder verbraucht wird. Nachgärungen können durch die kurze Lagerung nicht entstehen.
2. **Kaltsterile Flaschenfüllbetriebe** (siehe „Flaschenfüllung“)

Wir sprechen von einem durchgegorenen Most, wenn weniger als 2 g Restzucker/Liter vorhanden sind. Mehr als 2 g/l an Restzucker kann später Nachgärungen verursachen.

Der Most trübt sich wieder ein und verändert sich auch sehr stark in seinem Geschmacksbild.

Grundsätzlich ist daher ein durchgegorener Most anzustreben, der ohne besondere Schwierigkeit lange gelagert werden kann.

Will man Most mit Restzucker produzieren, so ist es am besten, wenn zuerst eine vollkommene Durchgärung angestrebt wird. Später, bei Bedarf, wird dann Süßmost zugesetzt. Das Zusetzen von Konzentraten wäre laut österr. Weingesetz ebenfalls erlaubt. **Rohr- oder Rübenzucker darf nach der Gärung nicht mehr zugesetzt werden.** Kurz vor der Flaschenfüllung oder dem Verbrauch wird nun mittels Vorversuchen die optimale Restzuckermenge ermittelt.

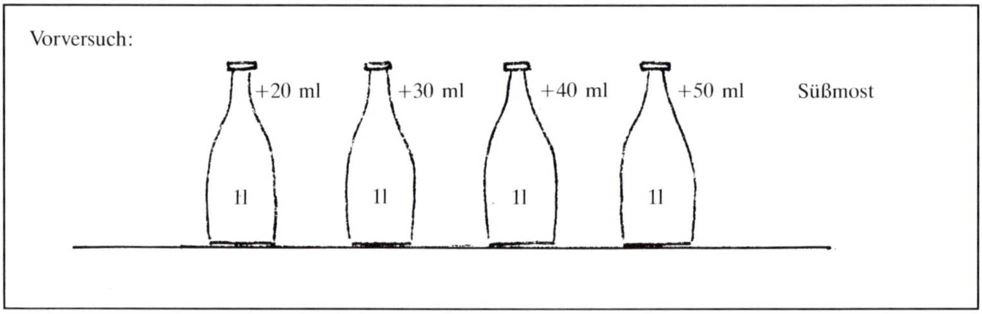

Ergibt nach gründlicher Durchmischung der Proben die Probe mit 40 ml Süßmostbeigabe das angenehmste Ergebnis, so wird zu 100 Liter Gärmost 4 Liter Süßmost zudosiert.

Achtung: Der Gärmost darf laut österr. Weingesetz nicht mehr als 8 Vol.-% Alkohol inkl. dem auf Alkohol umgerechneten Restzucker enthalten!

11.4 Kohlensäureaufbesserung

Wir streben mit unserem Obstwein ein erfrischendes spritziges Produkt an. Durch schonende Abstiche muß versucht werden, diesen Kohlensäuregehalt zu erhalten. Eine längere Holzfaßlagerung kann den Most, da die Kohlensäure (CO_2) vom Holz „veratmet“ wurde, ebenfalls matt und ruhig machen.

Kohlensäureimprägnierkerze

Dazu einige wichtige Faktoren: Je kälter, desto besser bleibt CO_2 gebunden!
Je wärmer, desto schneller entbindet sich CO_2!

Mittels CO_2-Imprägnierkerzen kann Kohlensäure dem Most beigegeben werden. Dies soll erst kurz vor dem Verbrauch oder Flaschenfüllung geschehen. Je kälter es zu diesem Zeitpunkt ist, desto mehr an CO_2 kann gebunden und aufgenommen werden. Die Kohlensäurebläschen, welche aus der Imprägnierkerze austreten, sollen so klein wie möglich sein.

11.5 Die L-Ascorbinsäure (Vit. C)

Eine L-Ascorbinsäurezugabe gibt man nicht in der Absicht, den Säuregehalt zu steigern, sondern vielmehr, um Oxydationen zu vermeiden (Bräunungen). Der Most bleibt jugendlich frisch.

Anwendungszeitpunkt: kurz vor der Flaschenfüllung

Anwendungsmenge: Laut österr. Weingesetz darf bis 160 mg Ascorbinsäure pro Liter enthalten sein, im Normalfall gibt man 10 dag/1000 l.

Wichtig: Die L-Ascorbinsäure hat nur dann Wirkung, wenn ein SO_2-freier Spiegel von 30 mg/l vorhanden ist.

12. Enzyme

Was sind Enzyme?

Enzyme haben sowohl zur Steuerung von Lebensvorgängen, wie etwa bei der Verdauung, als auch im kommerziellen Bereich Bedeutung. Die Anwendungsbereiche sind vielfältig. Die gesamte Gärung läuft in vielen Stufen über Enzyme der Hefe ab. Kasein wird in der Milch durch Enzyme zur Käsebereitung aufgeschlossen. Reinigungsenzyme in Vollwaschmitteln lösen Fett- und Ölflecken.

Es gibt Tausende von Enzymen, die jeweils einen bestimmten Stoff aufspalten können. Das Enzym Amylase spaltet Stärke, Lipase das Fett oder Protease das Eiweiß etc.

Welche Bedeutung haben Enzyme in der Obstverarbeitung?

Die größte Bedeutung in der Obstverarbeitung kommt den Enzymen, welche Pektin abbauen, zu. Diese Enzyme werden **Pektinasen** genannt.

Pektinspaltende Enzyme sind Eiweißstoffe, die im Obst enthalten sind. Sie sind jedoch in so geringer Menge vorhanden, daß es relativ lange dauern würde, bis diese aktiv werden und ihre gewünschte Wirkung zeigen.

Diese Pektinasen lösen in der Maische Zellverbindungen auf, so daß es zu einer Preßzeitverkürzung mit gleichzeitig erhöhter Saftausbeute kommt. Enzymierte Preßsäfte setzen rascher die Trubbestandteile ab. Wird vergorener Obstmost enzymiert, kann durch den Abbau von langkettigen „Fäden" (Polysaccharide) die Filterleistung erhöht oder eine Schönung erleichtert werden.

Was sind Pektinstoffe?

Pektine spielen in der Obstverarbeitung eine große Rolle. Bei der Obstmostbereitung will man sie abbauen, da sie z. B. Klärschwierigkeiten verursachen können. Bei der Marmeladeerzeugung will man sie erhalten, um eine gelierende Wirkung zu erzielen. Bei trüben Säften (naturtrüb) darf man sie nicht zerstören, damit der Trub in Schwebe bleibt. Pektine sind Riesenmoleküle, die chemisch gesehen zu den Polysacchariden gehören. Diese können sich an Trubbestandteile anhaften und so den Trub in Schwebe halten (bei naturtrüben Säften erwünscht).

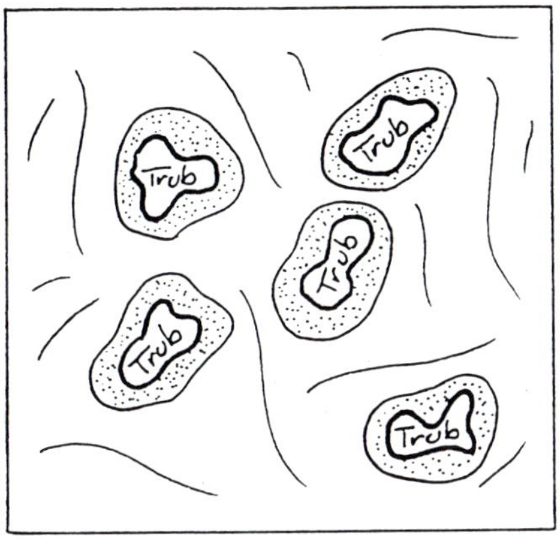

Pektine halten den Trub in Schwebe

Pektin wurde abgebaut –
der Trub hat sich abgesetzt

Durch den Einsatz von Enzymen können Pektine vom Trub abgespalten werden. Der Trub bleibt nicht mehr in Schwebe und setzt sich zu Boden (bei der **blanken** Süßmostbereitung oder beim Entschleimen erwünscht).

Der Pektinnachweis

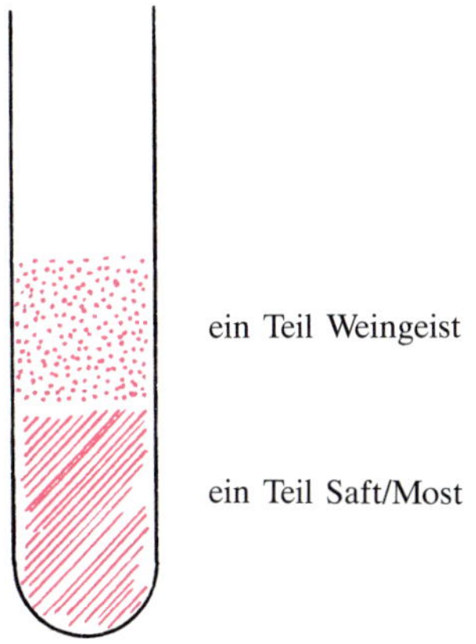

Wird Preßsaft oder der vergorene Most enzymiert, so sollte nach beendeter Reaktion ein Pektintest durchgeführt werden. Er gibt Aufschluß darüber, ob die verwendete Menge Enzym ausgereicht hat, um das gesamte vorhandene Pektin abzubauen.

Pektintest

In eine Eprovette wird zuerst ein Teil Saft und ein Teil Weingeist gegeben. Anschließend einmal umgedreht und eine Stunde stehen gelassen. **Bildet sich nach einer Stunde ein Pfropfen, dann ist noch Pektin vorhanden.**

12.1 Enzympräparate zur Maische zwecks höherer Preßsaftausbeute

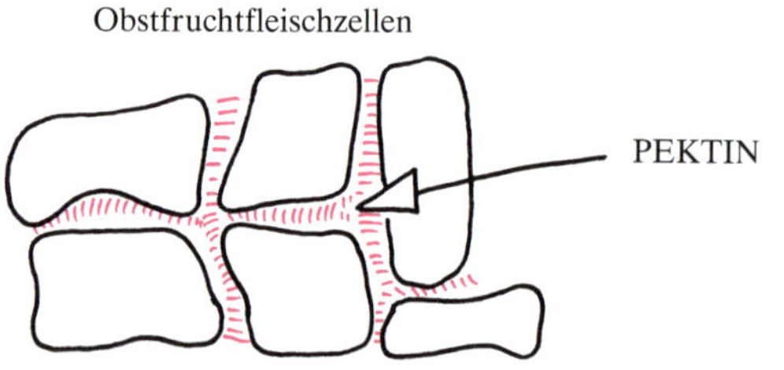

Durch Pektinasen kann das Pektin gespalten werden – die Maische wird dünnflüssiger.

Die Fruchtfleischzellen werden von Pektinstoffen, einer „Kittsubstanz", zusammengehalten, und auch die Zellwand wird daraus aufgebaut.
Mechanisch lassen sich diese Pektine nicht zerreißen oder auflösen. Hier ist ein chemischer Prozeß notwendig, der durch das in allen Fruchtarten vorhandene pektinspaltende Enzym Pektinase in Gang gesetzt wird. Dieses Enzym beginnt sofort nach der Obstzerkleinerung zu arbeiten.
Deutlich sichtbar wird dies, wenn man Maische einige Stunden stehen läßt. Am Maischebottichboden sammelt sich Saft, welcher aus den von den Pektinasen zerlegten Zellen stammt. Dieser Vorgang wird beschleunigt, je höher die Temperatur der Maische ist und wenn mittels Rührwerk die Maische bewegt wird.
Dieser Zersetzungsprozeß geht jedoch nur langsam vonstatten; die eigene Aktivität reicht nicht aus, auch dann nicht, wenn die idealen Bedingungen wie Temperatur und Maischedurchmischung gegeben wären. Die Maische müßte viel zu lange stehen bleiben. Aus diesem Grunde besteht die Möglichkeit, pektinspaltende Enzyme zuzusetzen, wodurch die Standzeit verringert werden kann.

Höhere Saftausbeute, kürzere Preßzeiten, geringere Schaumbildung bei der Gärung sowie höhere Farbintensität des vergorenen Mostes sind die Ziele, die durch eine Enzymierung der Maische verfolgt werden.

Voraussetzungen

Temperatur: Je höher die Temperatur, desto wirksamer und rascher die Wirkung.
Mindesttemperatur: 10° C
Höchste Wirksamkeit bei 50° C

Einwirkzeit
Je länger die Einwirkzeit, desto stärker die Wirkung!
Bei 15° C muß die Einwirkzeit bei Maischeenzymierung mindestens eine Stunde betragen, um deutliche Vorteile zu erlangen.
Verteilung
Je besser die Verteilung, desto wirksamer sind die Enzyme.
Dosierung
Da zwischen den einzelnen Produkten (Enzympräparate) Konzentrations- und damit Wirkungsunterschiede bestehen, ist eine genaue Angabe der Menge, welche zuzusetzen ist, hier nicht möglich. Es empfiehlt sich daher, sich beim Kauf eine genaue Gebrauchanweisung mitgeben zu lassen.

12.2 Enzympräparate zur Preßsaftbehandlung zwecks Entschleimung

Preßsaft ohne und mit Enzymierung

Pektine, die den Trub in Schwebe halten, werden abgesprengt, so daß sich der Trub leichter setzen kann. Die Vorteile des Entschleimens sind in einem eigenen Kapitel behandelt. Wie bei der Maischeenzymierung, ist auch hier auf eine gute Verteilung zu

achten. Am geeignetsten sind Propellermischgeräte (Bohrmaschinenvorsatz). Wurde bereits die Maische enzymiert, so ist der Wirkstoff im Preßsaft ohnehin gut verteilt. Durch das rasche Absetzen des Trubes kann die Entschleimzeit beträchtlich reduziert werden, wodurch sich die Infektionsgefahr wesentlich verringert.
Nach dem Absetzen des größten Anteiles des Trubes wird umgezogen, geschwefelt, der Preßsaft mit Reinzuchthefe versetzt und unter idealen Gärtemperaturen vergoren.

12.3 Enzympräparate zur Preßsaftbehandlung zwecks blanker Süßmostbereitung

Eine schnelle Klärung des Preßsaftes zwecks blanker Süßmostbereitung ist ohne den Einsatz von pektolytischen Enzymen nicht möglich. Nach einer mindestens zweistündigen Einwirkzeit mit guter Verteilung bei entsprechender Temperatur und Enzymmenge kann die Kieselsol-Gelatine-Schönung eingebracht werden. Nach der anschließenden Betonitschönung wird der Süßmost innerhalb weniger Stunden blank, so daß danach eine Feinfiltration und letztendlich die Erhitzung auf mindestens 75° erfolgen kann.
Um zu kontrollieren, ob der Pektinabbau nach Enzymzusatz beendet ist, sollte ein Pektintest durchgeführt werden. Erst dann, wenn der Pektintest negativ ausgefallen ist, kann mit der Kieselsol-Gelatine-Schönung weitergearbeitet werden.

12.4 Enzympräparate während der abklingenden Gärung

Während der Gärung findet ein vollkommener Umwandlungsprozeß des Getränkes statt. Unter anderem werden die langkettigen Polysaccharide abgebaut. Durch unterschiedliche Umstände kann dieser Abbau nicht vollkommen erfolgen, so daß im vergorenen Getränk Pektinstoffe nach der Gärung noch zu finden sind. Diese Pektinstoffe bereiten dann meist bei der Klärung Schwierigkeiten. Um diese, meist sind es Filtrationsprobleme, zu vermeiden, besteht die Möglichkeit, während der abklingenden Gärung Pektinasen (pektinabbauende Enzyme) beizugeben.
Die Vorteile bei diesem Anwendungszeitpunkt ist vor allem eine noch durch die Gärung erhöhte Temperatur, selbsttätige Durchmischung sowie genügend Zeit zur Einwirkung. Nach beendeter Gärung sollte ein Pektintest sowie ein Clinitest erfolgen. Anschließend Abzug vom Geläger.

12.5 Beigabe von pektolytischen Enzymen zu vergorenen Obstmosten

Obstmost nach der Gärung besitzt in der Regel keine oder nur geringe Mengen an Pektinstoffen, da diese während der Gärung abgebaut werden. Die Praxis zeigt jedoch, daß es trotzdem immer wieder hartnäckige Trübungen geben kann, die mit Enzymen behandelt werden müssen. Pektin kann aber auch einer Schönung Schwierigkeiten machen, so daß es wichtig ist, daß nach der Gärung wirklich alle Pektine abgebaut worden sind – entweder durch die Gärung selber oder mittels beigefügter Enzyme.
Diese Behandlung muß aber mit Vorversuchen ausgetestet werden (Pektintest). Das heißt für den Praktiker: Nach der Gärung Pektintest ansetzen – ist dieser positiv, muß mittels Vorversuchen die entsprechende Enzymmenge ermittelt werden, damit es zu keiner Überdosierung kommt (Most- bzw. Weinlabors).
Darüber hinaus gibt es einen Punkt, der unbedingt beachtet werden muß:
* **Bentonit bindet Enzyme**
Da Enzyme Eiweißstoffe sind, darf Bentonit nicht vor Abschluß der Enzymreaktion angewendet werden.

Zusammenfassung: Wirkung und Anwendungszeitpunkte von pektinspaltenden Enzymen

Anwendungszeitpunkt	Standzeit	Ziel der Anwendung	Wirkungsweise
zur Maische	mind. 1–2 h	Erhöhung der Preßsaftmenge, Preßsaftverkürzung, leichtere Preßbarkeit (besonders bei überlagertem Obst)	Zellverbände werden durch die Aufspaltung des Pektins aufgelöst
zum Preßsaft, wenn daraus blanker Süßmost bereitet wird	mind. 2 h	leichteres Absetzen der Trubbestandteile; eine anschl. Kieselsol-Gelatine-schönung bindet Trub und klärt innerhalb kürzester Zeit	Aufspaltung der Polysaccharide, so daß sich der Trubpartikel setzen kann
zum Preßsaft, wenn daraus Gärmost bereitet wird	mind. 0,5 h	Unterstützende Maßnahme, damit das Entschleimen rascher abläuft	–"–
in die abklingende Gärung	–	um ein Abziehen vom Geläger mit gleichzeitiger Filtration zu erleichtern	–"–
zum vergorenen Obstmost	–	um hartnäckigen Pektintrübungen zu begegnen; Filtrationserleichterung Schönungsunterstützung	–"–

Durch Konzentrationsunterschiede ist eine genaue Angabe von Mengen hier nicht möglich. Gebrauchsanweisung beachten!

13. Der pH-Wert

Unsere Getränke befinden sich zum größten Teil im sauren Bereich. Moste liegen zwischen pH 3,0 bis pH 4,0.

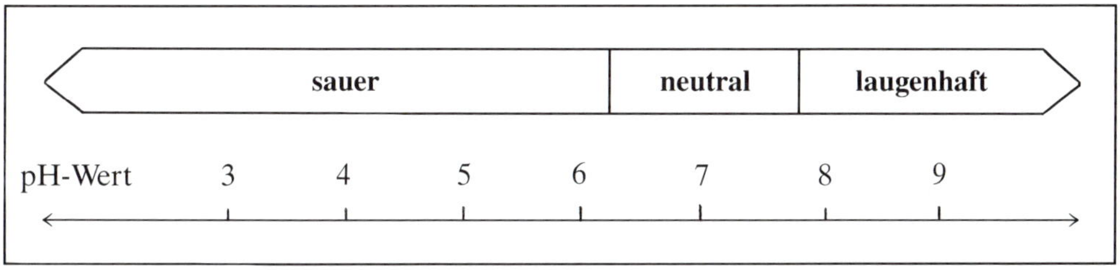

Der pH-Wert hat starken Einfluß auf:
* Wirksamkeit von SO_2
* Reaktionsfreudigkeit bei Schönungen
* Klärverhalten
* Eiweißstabilisierung
* Stabilität des Mostes
* Biologischer Säureabbau

Grundsätzlich sei gesagt: Je niedriger der pH-Wert, desto besser!

13.1 Wirksamkeit von SO_2

Je höher der pH-Wert, desto geringer ist die Menge an aktivem SO_2, die im Most wirksam wird.
Dies bedeutet in der Praxis: Der pH-Wert beeinflußt die Wirksamkeit von Schwefeldioxid sehr stark. Moste mit niedrigem pH-Wert bilden einen besseren mikrobiologischen Schutz als Moste mit höherem pH-Wert.

13.2 Reaktionsfreudigkeit bei Schönungen

Je niedriger der pH-Wert, desto besser läuft eine Schönung ab.

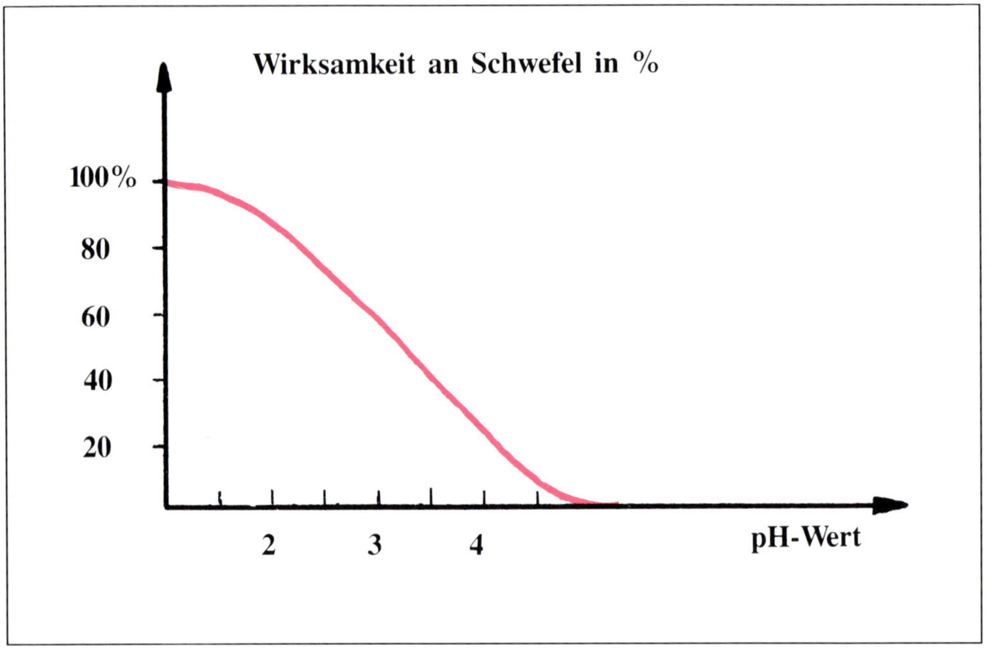

Eiweißhaltige Trubstoffe weisen eine positive (+) Ladung auf. Bei pH-Werten von ca. 3 ist diese Ladung relativ hoch und nimmt mit steigenden pH-Werten ab. Gerbstoffhaltige Trubstoffe weisen dagegen eine negative (−) Ladung auf, die ebenfalls mit steigendem pH-Werten immer schwächer wird.
Das **Prinzip einer Schönung** beruht darauf, daß ein Schönungsmittel mit bekannter Ladung dem Most beigemischt wird und somit alle Reaktionspartner bindet und durch die Schwerkraft zu Boden sinkt. Es ist also ein rein **physikalischer Vorgang.**
Insgesamt ist daraus zu schließen, daß bei niedrigen pH-Werten die Trubstoffe mit Schönungsmitteln aufgrund der höheren Ladungsintensität besser reagieren.

13.3 Klärverhalten

Die selbständige Klärung hängt neben dem Gerbstoffgehalt auch vom pH-Wert des Mostes ab.

13.4 Eiweißstabilität

Eiweiß kann zu hartnäckigen Trübungen führen. Besonders problematisch ist eine Eiweißtrübung bei bereits in Flaschen gefüllten Mosten. Je niedriger der pH-Wert, desto stabiler ist der Most anzusehen.

13.5 Stabilität des Mostes

Je niedriger der pH-Wert, desto weniger anfällig ist der Gärmost gegenüber Mikroorganismenbefall. Zähwerden etc. kommt bei Mosten mit niedrigem pH-Wert (3,1–3,4) nicht vor.

13.6 Biologischer Säureabbau

Verschiedene Mikroorganismen sind nur in bestimmten pH-Bereichen vermehrungsfähig.
Dies bedeutet in der Praxis: eine Birnenmoste sind meist säurearm; sie besitzen dadurch auch meist einen höheren pH-Wert (3,8 bis 4,0). Ein **hoher pH-Wert** ist jedoch die Grundlage für die Vermehrungsfähigkeit unerwünschter Bakterien, den sogenannten Pediococcus Cerevisiae und anderen Stämmen.
Diese wandeln Apfelsäure in Milchsäure um, wobei Nebenprodukte wie Histamin (Kopfschmerzen), aber auch Schleim („Zähwerden" des Mostes) entstehen. Der Säuregehalt vermindert sich – der Most schmeckt leer.
Moste mit **niedrigen pH-Werten** (unter 3,5) sind dieser Gefahr nicht ausgesetzt. Es vermehren sich in diesem Bereich zwar auch Bakterien, die Säure abbauen bzw. vermindern, werden aber nicht als schädlich oder krankhaft angesehen. Sie vermindern die spitze Säure, der Most wird dadurch runder, und in seinem Geschmacksbild erfährt er durch die Ausbaulagerung und dem positiven Säureabbau eine ausgeprägte Harmonie. Es ist dies der Bakterienstamm Leuconostoc Oenos. Dieser kann auch im Weinfachhandel als Trockenkultur bezogen werden.

Wie kann ein krankhafter Säureabbau bei einem Most gestoppt werden?

starke Schwefelung	Säurekorrektur	Schönung	Vorfiltration	EK-Filtration
Verhindert die weitere Mikroorganismenvermehrung	um das Geschmacksbild wieder herzustellen, leichtere Schönung	Entfernung der Schleimfäden sowie des Trubes	Mechanische Trennung des Schönungstrubes	Entfernung aller Keime aus dem Most

Vorbeugen ist besser als heilen, daher:
Vor der Gärung
* Säuregehalt sowie Zuckergehalt einstellen
* Schwefelung von 5 dag KPS pro 1000 Liter
* Zugabe von 10 g Reinzuchthefe / 100 Liter

Nach der stürmischen Gärung
* spundvolles Anfüllen der Fässer

Beim 1. Abstich
* Schwefelung von 10 dag/1000 Liter Most
* Säurekontrolle sowie Alkoholkontrolle

Lagerung
* Lagertemperatur um 10° C
* Spundvollhalten der Fässer

Wichtig: Oberstes Gebot = Reinlichkeit!

Da der biologische Säureabbau, wenn er einmal eingeleitet ist, nur mehr schwer zu stoppen ist, soll auf die bewußte Einleitung verzichtet werden!

Apfelsäure $\xrightarrow{CO_2 \text{ entweicht}}$ **Milchsäure**

wird gefördert durch:
geringer Säuregehalt, warmer Keller, spätes Umziehen, spätes und schwaches Schwefeln

kann verhindert werden durch:
frühes Umziehen mit gleichzeitiger Schwefelung, Lagerung im kalten Keller

14. Flaschenfüllung

14.1 Zeitpunkt der Flaschenfüllung

Voraussetzung für eine Flaschenfüllung von Obstmost ist eine abgeschlossene Reifelagerung sowie eine notwendige Stabilität des Mostes.

Unter Stabilität versteht man die **mikrobiologische** als auch **chemische Haltbarkeit,** so daß Nachtrübungen, Verfärbungen wie auch Nachgärungen in der Flasche nicht zu befürchten sind.

Um dies zu erreichen, ist es notwendig, die Ausbaumaßnahmen wie Klärung, Schönung und Lagerung gewissenhaft durchzuführen. Um die notwendige Stabilität kontrollieren zu können, muß man den Most einer chemischen Analyse (Mostlabor) unterziehen. Hierbei wird der Wert an Alkohol, Säure, und was von besonderer Wichtigkeit ist, der Wert des Schwefelgehaltes (frei und gebunden) sowie des Restzuckers (Nachgärung?) bestimmt. Der „freie Schwefel" soll zwischen 25 und 30 mg/l liegen (gesetzlicher Höchstwert 50 mg/l) und mindestens drei Wochen stabil bleiben. Nimmt dieser Gehalt innerhalb des Beobachtungszeitraumes ab, so läßt dies den Schluß zu, daß chemische oder mikrobiologische Vorgänge noch nicht ganz abgeschlossen sind (Säureabbau, Nachgärung, etc.) und somit mit Veränderungen in der Flasche zu rechnen ist.

14.2 Eiweiß bei der Flaschenfüllung

Wärmeempfindliches Eiweiß kann in der Flasche durch Temperaturschwankungen ausfallen und eine hartnäckige Trübung verursachen. Um dies zu verhindern, ist es unbedingt notwendig, dieses Eiweiß frühzeitig, am günstigsten schon vor der Gärung mittels Bentonit zu entfernen. Bei diesem Anwendungszeitpunkt ergeben sich auch noch andere Vorteile. Es bindet nicht nur Eiweiß, sondern auch Trubbestandteile.
Dadurch wird das Entschleimen unterstützt und eine reintönige Gärung gefördert (Näheres, siehe „Behandlung des Preßsaftes").
Der zweite, aber mit Sicherheit der schlechtere Zeitpunkt ist der nach der Gärung. Eine solche Behandlung darf deshalb nur nach einer chemischen Analyse durchgeführt werden, da bereits Geschmacks- und Aromastoffe sowie CO_2 aufgebaut wurden und Bentonit, vor allem bei höheren Aufwandsmengen, diese in Mitleidenschaft ziehen kann.
Um thermolabiles Eiweiß im vergorenen Getränk nachweisen zu können, gibt es zwei Möglichkeiten:

1. **Wärmetest**
2. **Bentotest**

Wärmetest
Eine Flasche filtrierter Obstmost wird 12 Stunden bei 40° C gehalten und anschließend

12 Stunden in den Kühlschrank gestellt. Ist wärmelabiles Eiweiß vorhanden, fällt es in Form einer Trübung aus.
Dieser Test ist einfach und aussagekräftig.
Daneben gibt es noch den Bentotest nach Dr. JAKOB.

Bentotest nach Dr. JAKOB
Der Test erfolgt mit einem Eiweißfällungsmittel (Reagenzlösung) und ist in kurzer Zeit ausgewertet. Dabei wird eine Mostprobe mit Hilfe von kleinen Filtern blank filtriert und anschließend mit der Reagenzlösung versetzt. Tritt nach wenigen Minuten eine Eintrübung auf, so kann man dadurch auf den Eiweißgehalt rückschließen.
Wurde Eiweiß festgestellt, wird anschließend eine Schönungsvorversuchsreihe mit verschiedenen Bentonitmengen angesetzt, abfiltriert und letztlich nochmals einem Bentotest unterzogen. Der Versuch mit der geringsten Bentonitmenge bei gleichzeitig negativen Bentotestergebnisses ist nun die ermittelte Bentonitmenge, welche im Keller verwendet werden muß.
Eine Überschönung mit Bentonit entfernt zwar das gesamte Eiweiß, würde jedoch auch andere Inhaltsstoffe stark angreifen.

Eiweiß – Gerbstofftrübungen
Ein weiterer Grund, warum das Eiweiß schon vor der Gärung entfernt werden soll, ist die Eigenschaft, sich bei bestimmten Bedingungen mit den Gerbstoffen zu binden und ein Gerinnsel zu bilden. Faktoren, die diese Reaktion begünstigen, sind der pH-Wert, Eiweiß- u. Gerbstoffgehalt sowie entsprechende Temperaturbedingungen. Diese Trübung zählt neben der stillen Nachgärung zu den häufigsten Ursachen einer späteren Veränderung auf der Flasche. Um diese von vornherein auszuschließen, ist es notwendig, das Eiweiß vor der Gärung mit einer Schönung von 100 g/hl zu entfernen. Um sicher zu gehen, sollte nach der Gärung ein Bentotest durchgeführt werden.

Wo liegt das Problem beim Flaschenfüllen?

Es gibt zwei Problemkreise: Mikroorganismen und Restzucker

Ein Obstmost ohne Restzucker ergibt bei der Flaschenfüllung geringere Probleme, da für Mikroorganismen die Nahrungsgrundlage fehlt. Schwierig wird die Flaschenfüllung vor allem bei Restzuckermosten, weil es dann unbedingt notwendig ist, die Mikroorganismen auszuschalten.

14.3 Füllverfahren

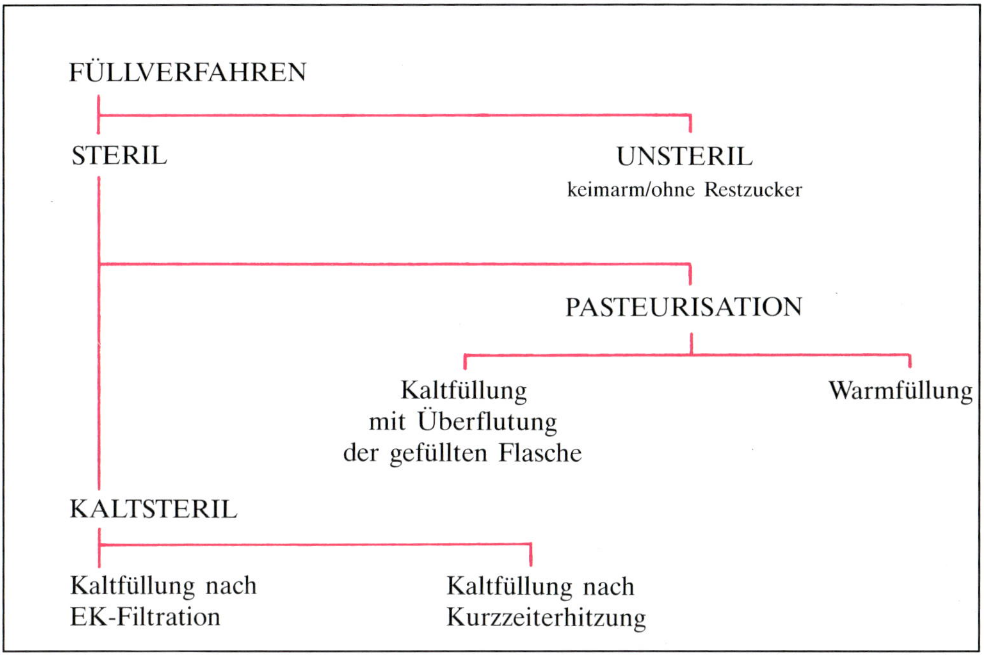

14.3.1 Unsterile keimarme Flaschenfüllung

Ist der Obstmost trocken ausgebaut worden, was normalerweise die Regel ist, so genügt eine keimarme Flaschenfüllung mit gleichzeitig scharfer Filtration. Noch vorhandene Hefen können mangels Anwesenheit von Zucker nicht tätig werden. Bei **stabil und trocken ausgebauten Mosten ist diese keimarme Füllung möglich.**

Durch den geringen Alkoholgehalt der Obstweine kann jedoch bei unsauberer und bei ungünstigen Lagerbedingungen eine Infektion eintreten, die den Most in der Flasche auch nach längerer Zeit eintrübt.

Grundvoraussetzung für eine keimarme Flaschenfüllung sind daher:

* Saubere Arbeitsräume
* Saubere Arbeitsweise
* Obstweine ohne Zuckerrest
* Kühles Flaschenlager
* Rascher Verbrauch

Die Gefahr einer bakteriellen Veränderung oder einer Nachgärung kann trotz besten Bedingungen nie ganz ausgeschlossen werden.

Flaschenfüllinie mit Containerschwefler, Abtropfgestell, Niveaufüller und Verkorker

14.3.2 Kaltsterile Abfüllung

Gärmost hat im Vergleich zu Traubenweinen sowohl einen geringeren Alkohol- als auch einen geringeren Säuregehalt und somit meist einen höheren pH-Wert. Diese Faktoren begründen die Anfälligkeit gegenüber Schadorganismen (krankhafter biologischer Säureabbau etc.). Es ist daher sehr wichtig, ein Füllverfahren zu wählen, welches in der Lage ist, dieses anfällige Produkt in die Flasche zu bringen, ohne daß sich später nachteilige Veränderungen einstellen.

Nur die „Kaltsterile Flaschenfüllung" ist in der Lage, diese Erfordernisse zu erfüllen. Bei diesem Füllverfahren werden die mostschädlichen Mikroorganismen entfernt, so daß auch dann, wenn Restzucker (mehr als 2 g/l) im Getränk vorhanden ist, keine Veränderungen in der Flasche eintreten. Dazu sind folgende Punkte unbedingt zu beachten:

* Filter, Leitungen und Füller keimfrei
* Flaschen keimfrei
* Korke und Verschließer keimfrei
* Aseptische Arbeitsweise
* Maschinen und Füllraum äußerst sauber
* Jede Reinfektion vermeiden

Übersicht:
„Kaltsterile Flaschenfüllung"

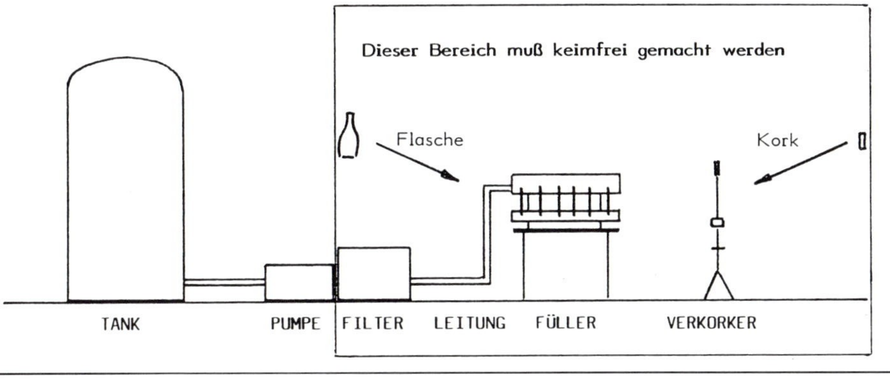

Obige Voraussetzungen erreichen wir durch:

*** Dämpfen**
Diese Art der Sterilisierung ist die beste Methode, da **alle** Maschinenteile heiß werden und somit eine sichere Keimfreimachung eintritt.

*** Heißwasser**
Von der Filtereinlaufseite her wird so lange Heißwasser in die Anlage gepumpt, bis dieses etwa 15 bis 20 Minuten auf der Auslaufseite mit rund 90° C herausfließt.

*** Chemische Mittel**

Die gesamte Anlage wird mit einem chemischen Desinfektionsmittel keimfrei gemacht. Zwei Möglichkeiten

* Mit Warmwasser mindestens 20 Minuten durch rundpumpen
* Mit Kaltwasser; Stehenlassen der mit chem. Desinfektionsmittel vollgefüllten Anlage.

Sterilisation von Filter und Fülleitung mit Dampf

1. Filter, Leitungen, Schläuche und Füller werden sofort nach jedem Gebrauch mit Wasser nachgespült und mit 1%igem kombiniertem Reinigungs- und Desinfektionsmittel kalt gereinigt. Filterplatten werden damit gebürstet, gründlich nachgespült und offen stehengelassen.
2. Filter fertig zusammensetzen und locker packen. **Vor dem Dämpfen nicht wässern,** da gewässerte Schichten sehr viel Dampfenergie verbrauchen.
3. Von der Auslaufseite her dämpfen – dadurch kann das gebildete Kondenswasser nach unten ablaufen und die entscheidende Hitze kann auf die Klarseite einwirken.
4. Alle Hähne und Ventile öffnen
5. Dampfmenge so drosseln, daß nur wenig Dampf ohne Druck aus den offenen Ventilen austritt
6. Dampffahne darf höchstens handlang aus den Ventilen austreten – ansonsten Schichtenverletzungen
7. Spindel während des Dämpfens nur leicht anziehen
8. Nachdem der Filter heiß geworden ist, noch 30 Minuten dämpfen!
9. Besteht der Filter aus Kunststoffplatten, so darf der Filter erst nach dem Auskühlen fest zusammengedreht werden. Kunststoff dehnt sich bei der Erhitzung sehr stark aus; es würden ansonsten Spannungen und womöglich Verformungen entstehen.
10. Anschließend Schläuche und Füller mindestens 30 Minuten dämpfen (währenddessen kann der Filter auskühlen)
11. Füllinie zusammenstellen und in Fließrichtung bis zur Geschmacksfreiheit wässern (etwaige Keime bleiben im EK-Filter hängen)
12. Wasser mit Produkt ausdrücken

Sterilisation der Fülleitungen und des Filters mit chemischen Mitteln

1. Reinigung der Abfüllinie

Filter, Leitungen, Schläuche und Füller werden sofort nach jedem Gebrauch mit Wasser nachgespült und mit 2%igem kombiniertem Reinigungs- und Desinfektionsmittel kalt gereinigt.

Vor dem Abfüllen werden die Filterplatten in die Lösung eingelegt. Die Schläuche sowie der Füller werden befüllt und 30 Minuten einwirken gelassen.
Nach 30 Minuten Einwirkzeit wird die Reinigungslösung ausgelassen, und es wird mit Frischwasser nachgespült.

2. **Kaltsterilisieren der Abfüllvorrichtung**
   Vor dem Fülltag werden die Schläuche, die Pumpe, der fertig gepackte Schichtenfilter sowie der Füller mit 3%igem Desinfektionsmittel auf Wasserstoffperoxydbasis gefüllt und bleiben so 12 Stunden stehen. Auf die Füllorgane werden Flaschen aufgesteckt, die Füllorgane werden dadurch ebenfalls sterilisiert.
   Vor dem Füllen wird mit Frischwasser die Desinfektionslösung aus der Anlage gespült. Anschließend wird mit Most das Spülwasser aus dem Filter gedrückt, und es kann mit der Abfüllung begonnen werden.
3. **Flaschenreinigung**
   Es dürfen nur absolut saubere Flaschen zur Befüllung gelangen. Dies erreicht man, indem die Flaschen in einer speziellen Reinigungslösung eingeweicht werden (mind. 20 Minuten bei 40° C). Anschließend erfolgt die Entfernung des Schmutzes mittels Flaschenwaschmaschine. Zum Schluß wird die Flasche mit Frischwasser ausgespült und austropfen gelassen.
4. **Flaschensterilisation**
   Es hat wenig Sinn, wenn zwar die gesamte Abfüllinie (Filter – Schlauch – Füller) steril gebracht werden konnte, die Flasche aber noch mit Keimen verseucht ist. Für die Flaschensterilisation stehen zwei Möglichkeiten zur Verfügung:
   a) Sterilisation mittels 2%iger Schwefeliger Säure
   b) Sterilisation mittels 3%iger Wasserstoffperoxydlösung (3 Sec. Sprühzeit, diese darf jedoch nur einmal verwendet werden)
   Für beide Möglichkeiten gilt daher: Nach der Sterilisation muß die Flasche mindestens 30 Minuten austropfen oder mit keimfreiem Wasser gespült werden.

14.4 Flaschenreinigung

Was nützt ein „keimfreier" Most, wenn die Flaschen nicht absolut gereinigt und desinfiziert sind?

a) Neuflaschen

* Ausspritzen (Beseitigung von Glasstaub)
* Mit 2%iger Schwefeliger Säure sterilisieren
* 20 Minuten abtropfen lassen
* Füllen

b) Gebrauchte Flaschen

Müssen vor der eigentlichen mechanischen Reinigung in einem Laugenbad „eingeweicht“ werden. Schmutzreste werden aufgeweicht. Die Reinigung soll in folgendem Ablauf vor sich gehen:

*** Flascheneinweiche**

Idealtemperatur: 50° C – Einweichzeit 20 Minuten.
bei 10–20° C – Einweichzeit 12 Stunden.
Laugenkonzentration: je nach Gebrauchsanweisung und Temperatur bis 1%
Möglichkeiten:
a) Bottich: Voraussetzung: Die Flasche muß immer vollständig benetzt sein (keine Luftblasen).
b) Einweichrad: technisch aufwendiger, jedoch größere Leistung mit gleichzeitig geringerem Arbeitsaufwand.

*** Flaschenbürstmaschine**

ein- oder zweistellig, Bürsten entfernen den aufgeweichten Schmutz, Desinfektion der Bürsten in Abständen von 1 bis 2 Stunden wäre ratsam. Bei stehenden Bürsten ist die Desinfektion nicht notwendig.

*** Flaschenausspritzer**

entfernt lose Bürstenreste und Schmutzteile

*** Abtropfen**

damit der nachfolgende SO_2-Einschlag nicht zu sehr verdünnt wird

*** SO_2-Einschlag**

1 sec Sprühzeit mit 2%iger SO_2-Lösung

*** Abtropfen**

ca. 20 Minuten, SO_2-Konzentration kann abnehmen

*** Flaschenfüllung**

14.5 Flaschenverschluß

In der Kellerwirtschaft werden je nach maschineller Ausstattung, Umschlagsmenge und Flaschengröße unterschiedliche Verschlüsse verwendet.

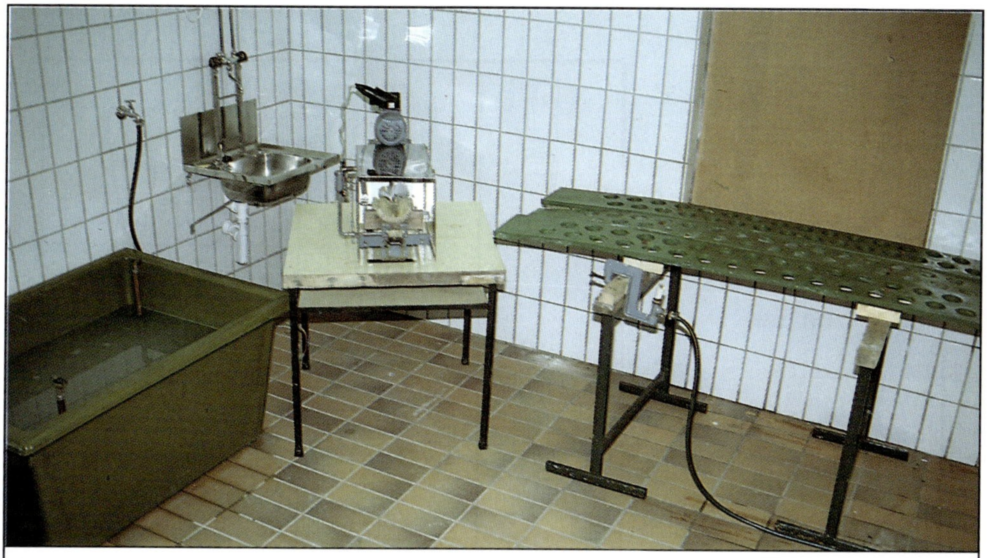

Flaschenwaschlinie mit Einweichbottich, einstelliger Flaschenbürstmaschine, Ausspritzer und Abtropfgestell

Kork

Er zählt wegen seiner spezifischen Eigenschaften (hohe Elastizität, ausreichende Gas- und Wasserundurchlässigkeit, relativ lange Haltbarkeit) zu den ältesten Verschlußarten. Korkqualitäten können jedoch sehr starke Unterschiede aufweisen. Rissige, poröse oder solche mit großen Poren sind für eine längere Lagerung im verarbeiteten Zustand nicht geeignet.

Um diese Probleme zu beseitigen, ging man dazu über, aus Korkschrot und aus einem Bindemittel einen neuen Kork aufzubauen, den sogenannten **Preßkork.** Preßkorke sind aber auch billig und relativ einfach anzuwenden, da die Behandlung vor dem Verkorken entfällt.

Behandlung von Naturkorken

Um die gewünschten Eigenschaften (Elastizität etc.) zu erhalten, ist es unbedingt erforderlich, Naturkorke ca. 24 Stunden in lauwarmem Wasser zu wässern. Heißes Wasser ist zu vermeiden, da die Korkzellen spröde werden und der Kork nicht genügend abdichtet; außerdem reißt er beim Entkorken leicht.

Eine anschließende Behandlung der Korke mit 2%iger Schwefeliger Säure ist von

Übersicht über die in der Mostproduktion meist verwendetsten Verschlüsse und deren Eigenschaften:	 Kork	 Kronenkork	 Bügelverschluß
Dichtheit	-	++	++
Neutralität	-	++	++
Sterilität	+	++	-
Preis	-	++	+
Aussehen	+	-	++
Handhabung	+	++	-
Wiederverschließung	+	-	++

Vorteil. Heute werden meist sogenannte **Sterilkorke** verwendet. Diese Korke werden von der Lieferfirma vorbehandelt, entkeimt und in Plastikbeuteln geliefert. Sie brauchen keine Vorbehandlung und können direkt aus dem Beutel heraus in die Korkmaschine gebracht werden. Angebrochene Packungen sollten aufgebraucht werden, sonst sind sie dann zu behandeln wie jeder andere Naturkork.

Kronenkorke
Diese sind im Vergleich zum Naturkorken sowohl billiger als auch in der Verarbeitung einfacher. Als Dichtung fungieren in den Kronenkork eingelassene Kunststoffplättchen (früher Korkplättchen – daher der Name). Die Sterilisation erfolgt über 1,5%ige Schwefelige Säure.

14.6 Etikettengestaltung

Die Bezeichnung von Obstmost ist im österr. Weingesetz in den §§ 36 und 33 geregelt. Kernobstwein muß als **„Obstwein“** oder wahlweise als **„Obstmost“** – dort wo üblich auch als **„Most“** bezeichnet werden. An Stelle dieser Bezeichnung kann eine Zusam-

mensetzung der Worte **„Wein“** oder **„Most“** mit der Bezeichnung der zur Erzeugung verwendeten Obstart treten.
Im geschäftlichen Verkehr dürfen folgende Bezeichnungen **nicht** verwendet werden: „natur“, „echt“, „rein“, „naturbelassen“, „biologisch“, „ökologisch“ sowie Wortverbindungen mit diesen.

Beispiel von Flaschen und Etikettengestaltung

Wer in Flaschen abgefüllten Wein in Verkehr bringt, darf ihn nur abgeben, wenn auf dem Flaschenschild entweder der Abgeber, der Abfüller oder, mit seiner Zustimmung, der Erzeuger oder wer sonst den Wein in Verkehr gebracht hat, mit **Namen** und **Standort** angegeben ist.

15. Reinigung und Desinfektion

Eine der ersten Voraussetzungen für eine hygienische Betriebsführung ist die peinlichste Sauberkeit, regelmäßige Reinigung und Desinfektion der Betriebsanlagen und Räume. Gerade zur Zeit der Preßarbeit ist die tägliche Reinigung und Desinfektion der Presse, der Schläuche sowie des Preßraumes von enormer Wichtigkeit. Einen ganz

besonderen Stellenwert hat die Reinigung und Desinfektion bei der Kaltsterilen Flaschenfüllung. Nur dann, wenn Flasche und Füllinie frei von mostschädlichen Mikroorganismen sind, kann das Getränk in der Flasche stabil bleiben.
Dazu muß aber auch von den räumlichen Gegebenheiten die Voraussetzungen geschaffen sein (siehe Kapitel „Preßraum und Keller“).
Da das Aufgabengebiet für die Reinigung und Desinfektion im Getränkebereich sehr umfangreich ist, sind spezielle Reinigungs- und Desinfektionsmittel für jeden Bereich im Handel +(Pressenreiniger, Faßreinigungsmittel, Flaschenreiniger, etc.) notwendig.

Jeder Mostproduzent sollte für seine Zwecke entsprechende Reinigungs- und Desinfektionsmittel lagernd haben.

Da eine Desinfektion ohne vorhergehender gründliche Reinigung keinen Erfolg hat, wird im allgemeinen folgendermaßen vorgegangen:

1. Aufweichen von Schmutzkrusten mittels Warmwasser und Reinigungsmittel
2. Entfernung der Schmutzkrusten mittels Bürsten oder starkem Wasserstrahl
3. Abspülen des Reinigungsmittels mit klarem Wasser
4. Behandlung mit einem dafür geeigneten Desinfektionsmittel
5. Nachspülen

Die anschließende Aufstellung gibt Auskunft über die gebräuchlichsten Desinfektionsmittel mit deren Wirkstoffen in der Getränketechnologie. Über die zu verwendenden Konzentrationen ist die Anwendungsbeschreibung des Desinfektionsmittels zu befolgen.

Folgende Desinfektionsmittel stehen zur Auswahl:
2%ige Schwefelige Säure
Läßt sich selbst aus einer im Handel befindlichen 5%igen herstellen; bei der Anwendung entsteht aber eine sehr starke Geruchsbelästigung; Desinfektionswirkung sehr gut; greift jedoch Metalle an; meistverwendetstes Mittel zur Desinfektion von Flaschen.
Desinfektionsmittel auf Wasserstoffperoxydbasis
Neu entwickeltes Desinfektionsmittel; ideal zur Filter- und Füllerdesinfektion; kann auch zur Flaschendesinfektion verwendet werden – Vorteil: keine Geruchsbelästigung; kann jedoch nur einmal verwendet werden

Aktivchlorhaltige Verbindungen
Eines der ältesten Desinfektionsmittel; sehr gute Wirkungsbreite; greift jedoch Metalle (Chlor) an.
Quaternäre Ammoniumverbindungen (QAV)
Kein Metallangriff; keine vollkommene Sicherheit gegen Bakterien, jedoch als allgemeines Desinfektionsmittel zur Behandlung von Böden, Wänden und allgemeinen Gerätschaften gut geeignet
Alkohole
Zur Desinfektion von Kleinbereichen wie Füllorgane, Korkschlösser bzw. zur Händedesinfektion können spezielle Alkoholdesinfektionsmittel verwendet werden.

16. Fehler und Krankheiten

Von der Ernte bis zum Verkauf ist der Obstmost ständig Gefahren ausgesetzt, die einen Fehler oder eine Krankheit hervorrufen können. Meist ist es nicht ein einziger Behandlungsfehler, der zum Verderb des Getränkes führt. In den meisten Fällen ist es eine Aneinanderreihung vieler Vernachlässigungen in der Mostbehandlung. Selten tritt daher auch ein einziger Fehler oder eine einzige Krankheit allein auf. Daher ist auch die oftmals praktizierte Einteilung in Fehler und Krankheiten des Obstmostes fragwürdig.
Der Vollständigkeit halber soll diese Einteilung dennoch kurz beschrieben werden:

Mostkrankheit
Von Krankheiten spricht man, wenn Mikroorganismen wie Essig-, Milchsäure- oder Buttersäurebakterien sich im Most vermehren und Abbauprodukte bilden. Krankheiten sind übertragbar und meist nicht heilbar.

Mostfehler
Von Fehlern spricht man, wenn Farb-, Geruchs- oder Geschmacksänderungen eingetreten sind, die auf chemische oder physikalische Veränderungen zurückzuführen sind. Sie sind auch nicht übertragbar und meist durch entsprechende Behandlung großteils heilbar.

16.1 Mostkrankheiten

16.1.1 Essigstich

Kennzeichen

Essigbakterien kommen überall in der Natur vor. Bereits im Preßsaft ist eine große Anzahl von Essigbakterien vorhanden, besonders wenn Früchte bei der Ernte oder beim Transport gequetscht und anschließend nicht sofort weiterverarbeitet werden. Sie bevorzugen **Wärme** und **Luftsauerstoff.** Es ist daher unbedingt notwendig, nach jedem Pressen sowohl die Geräte als auch den Preßraum äußerst sauber zu hinterlassen. Die Preßtrester sind aus diesem Bereich zu entfernen. Die Preßtücher werden am besten gleich gewaschen, oder wenn am nächsten Tag weitergearbeitet wird, sind sie zumindest nach einer groben Reinigung im Wasser aufzubewahren (kein Luftzutritt).
Nicht spundvolle Lagerbehälter, warme Keller, mangelnde Schwefelung und Reinlichkeit können weitere Ursachen für eine Essigsäurebildung sein. Essigstichige Holzfässer sind nur unter größtem Aufwand wieder in Ordnung zu bringen, so daß es oftmals besser ist, sich neue Lagerbehälter anzuschaffen. Die Essigsäurebakterien sitzen im aufgeweichten Holz – eine Infektion eines gesunden Obstmostes ist hier unausbleiblich.

Vorbeugung

Saubere und fachlich richtige Kellerwirtschaft; essigstichige Holzfässer sind zu erneuern.

Behandlung

Bei den ersten Anzeichen wäre eine EK-Filtration mit einer anschließenden stärkeren Schwefelung noch eine Möglichkeit; ein stärkerer Befall ist nicht mehr heilbar.

16.1.2 Kahmhefe (siehe „Vollhalten der Fässer")

Kennzeichen

An der Mostoberfläche bildet sich ein leichtes weißes Häutchen, welches bei Fortschreiten der Krankheit dicker wird.

Ursache

Kahm ist eine luftliebende Hefeart, die sich bei nichtspundvollen Fässern schnell entwickeln kann. Da Kahmhefe alkoholempfindlich ist, kommt sie in alkoholreichen Getränken (von 8 Vol.-% aufwärts) nur sehr selten vor.

Folgen

Der Most wird matt, es entwickelt sich Essigsäure, der Alkohol- und Säuregehalt wird abgebaut.

Preßtücher werden über Nacht in Wasser aufbewahrt, damit es zu keiner Vermehrung von Essigsäurebakterien kommen kann (kein Luftzutritt)

Vorbeugung
Überlagerung mit CO_2/N-Gemisch, SO_2-Schutz, Behälter spundvoll halten, filtrieren.

Behandlung
Filtration, eventuellen Säuremangel ausbessern, Schwefelgehalt kontrollieren.

16.1.3 Zähwerden

Kennzeichen
Durch Säureabbau fader matter Geschmack; der Most wird trüb und zeigt dickflüssige, ölige Beschaffenheit.

Ursache
Bakterien und Schleimhefen, die sich bei geringem Säuregehalt, mangelnder Pflege und Reinlichkeit vermehrt haben.

Vorbeugung
Reinzuchthefegärung, rasches Abziehen vom Geläger mit entsprechender Schwefelung, laufende Pflege.

Kahmhefedecke

Behandlung

Schwefelung – Säurekorrektur – Abzug durch eine Brause oder Besen (Schleimfäden sollen zerschlagen werden) und letztendlich Filtration

16.1.4 Mäuseln

Kennzeichen

Gibt man einige Tropfen Most in die Handfläche, verreibt sie – so kann man einen unangenehmen nach Mäuseharn erinnernden Geruch feststellen. Auch der Geschmack ist im „Abgang" kratzend.

Ursache

Hauptursache ist eine mangelnde Gärung, die entweder einmal steckengeblieben ist oder die nicht vollkommen durchgegoren hat. Aber auch geringe Säure, warme Lagerung und zu spätes Abziehen vom Geläger kann Mäuseln hervorrufen.

Vorbeugung

Preßsaftschwefelung, Reinzuchthefevergärung, zeitgerechtes Umziehen und kühle Lagerung.

Behandlung
Starkes Einschwefeln – längere Zeit stehen lassen – eventuell mit Kohle schönen – mit säurereicherem Most verschneiden.
Starkes Mäuseln ist nicht mehr heilbar.

16.1.5 Milchsäurestich

Kennzeichen
Der Most trübt sich ein und hat einen unangenehmen sauerkrautähnlichen Geruch und Geschmack, der meist bald nach der Gärung auftritt.

Ursache
Milch- und Buttersäurebakterien konnten sich aufgrund geringer Säure, mangelhafter Gärung, zu spätes Umziehen, zu warme Lagerung sowie durch fehlende Schwefelung vermehren.

Behandlung
Abzug vom Geläger – Schwefelung – Säurekorrektur – Grobfiltration oder Schönung und letztendlich EK1-Filtration.
Starker Milchsäurestich ist nicht mehr heilbar.

16.2 Mostfehler

16.2.1 Der schwarze Bruch

Kennzeichen
Der Most trübt sich ins Graue oder Schwärzliche. In schweren Fällen erreicht er eine regelrechte grauschwarze Färbung.

Ursache
Während des Pressens und der Lagerung ist der Most mit Eisen in Berührung gekommen. Fruchtsäuren lösten metallisches Eisen – dieses wiederum geht eine Verbindung mit den Gerbstoffen ein – der Most wird trüb und schwarz. Niedrige Säure und SO_2-Mangel beschleunigen diesen Vorgang.

Vorbeugung
Maische, Preßsaft und vergorenen Most nicht mit blanken Eisenteilen in Berührung bringen.

Behandlung
Schwere Fälle sind mit einer Blauschönung zu behandeln. Most- und Weinlabors geben darüber genauer Auskunft.

16.2.2 Der braune Bruch

Erkennung
Es ist **der am häufigsten vorkommende Bruch.** Hierbei trübt sich der aus dem Keller geholte Most im Glas ein und verfärbt sich ins Bräunlich-graue.

Ursache
Verarbeitung von faulem Obst, geringer Säuregehalt sowie fehlende Schwefelung bilden die Grundlage, daß sich **Sauerstoff** mit Mostbestandteilen verbindet und Trübungen und Verfärbungen hervorruft.

Vorbeugung
Gesundes sauberes Obst verwenden – Schwefelung mit entsprechender Säurekorrektur sowie laufende Kontrolle dieser Werte.

Behandlung
Säurekorrektur – Schwefelung – Schönung mit Gelatine/Kieselsol

16.2.3 Der weiße Bruch

Erkennung
Der Most erscheint im durchfallenden Licht milchig-weiß.

Ursache
Eine Eiweiß-Gerbstofftrübung

Vorbeugung
Entfernen von Eiweiß (beim Entschleimen) oder vor der Flaschenfüllung

Behandlung
Kombinationsschönung Gelatine/Kieselsol mit Bentonit nach vorhergehenden Vorversuchen

16.2.4 Schwefelböckser

Erkennung
Geruch nach faulen Eiern oder nach Schwefelwasserstoff

Ursache
Durch tropfende bzw. hineingefallene, nicht abgebrannte Schwefelschnitten kann die Hefe diesen Schwefel in Schwefelwasserstoff verwandeln.

Behandlung
Schwefelung mit Kaliumpyrosulfit, wodurch der Schwefelwasserstoff in festen Schwefel übergeführt wird. Anschließend Lüften – da Schwefelwasserstoff sehr leicht flüchtig ist, kann er so aus dem Getränk entfernt werden.

16.2.5 Hefeböckser

Kennzeichen
Unsauberer Geruch nach fauler Hefe.

Ursache
Der Obstmost ist säurearm, lag zu warm und zu lange auf der Hefe. Abbau schwefelhaltiger Verbindungen des Hefeeiweißes zu Schwefelwasserstoff.

Vorbeugung
Frühzeitiger Abstich, kühle Lagerung.

Behandlung
Intensive Lüftung, in schweren Fällen Kohleschönung.

16.2.6 Holzgeschmack

Kennzeichen
Holzähnlicher herber Geschmack.

Ursache
Holzfaß war nicht oder mangelhaft weingrün gemacht worden.

Vorbeugung
Genaues Weingrünmachen – am besten durch Dämpfen, 2%ige Sodalösung und abschließend Wässern bis zur Geschmacksfreiheit.

Behandlung
Gelatine-/Kieselsolschönung kann mindernd wirken, ansonsten Kohleschönung mit anschließender Umgärung.

17. Faßbauarten – Faßpflege

Bauarten
* **Holzfaß**
* **Kunststoffbehälter**
* **GFK-Tank (Glasfaserverstärkter Kunststoff)**
* **Edelstahlbehälter**

17.1 Das Holzfaß

Das Holzfaß zählt zu den ältesten Lagerbehälterbauarten überhaupt und hat somit eine reiche Tradition.

Vorteile	Nachteile
reifefördernde Eigenschaften; Faß ist zerlegbar; optische Bereicherung des Kellers;	anfällig gegen Mikroorganismen; schwieriges Weingrünmachen; Schwundverluste; komplizierte und oft umständliche Reinigung; großer Pflege- und Erhaltungsaufwand;

In der Traubenweinproduktion bringt bei manchen Sorten eine längere Holzfaßlagerung eine beträchtliche Qualitätssteigerung. Besonders Rotweine werden in Holz ausgebaut.

Man will Moste erzielen, die erfrischend wirken, also kohlensäurereich sind, und gerade diese Kohlensäure wird bei langer Holzfaßlagerung abgebaut.

Moste, die ein Jahr und länger auf Holz liegen, schmecken schal. Die gesamte Kohlensäure wurde durch das Holz „veratmet". Hier hilft nur eine CO_2-Imprägnierung vor der Flaschenfüllung bzw. vor dem Verkauf (siehe CO_2-Imprägnierung). Durch den relativ geringen Alkohol- und Säuregehalt wirkt eine Lagerung über ein halbes Jahr hinaus im Holzfaß eher schädigend, vor allem dann, wenn keine Möglichkeit einer nachfolgenden CO_2-Imprägnierung besteht.

Bei Holzfaßlagerung ist auf folgendes unbedingt zu achten:
* Der Most muß ständig kontrolliert werden (Säuregehalt)
* Lagerschwund ist baldigst aufzufüllen
* CO_2-Imprägnierung vor der Flaschenfüllung bzw. Verkauf

* Faßaußenseite vor Schimmelbefall schützen

Das jährliche **„Aufschlagen des Fasses“** (Entfernung des Faßbodens) ist von gesunden Fässern zu unterlassen:

* da die Lebensdauer der Fässer darunter leidet
* da das Zusammenstellen oft schwierig ist und dadurch das Faß nicht dicht wird
* da dieses Aufschlagen sehr viel Zeit benötigt
* da eine gründliche normale Reinigung bei gesunden Fässern genügt

Das oft praktizierte Liegenlassen des Gelägers im sonst leeren Holzfaß bis zur nächsten Ernte ist als äußerst grober Fehler anzusehen. Es bringt keinen einzigen Vorteil!

Das Geläger, bestehend aus abgestorbenen Hefezellen, beginnt sich unter Sauerstoffeinfluß und Feuchtigkeit zu zersetzen bzw. trocknet ein. In solchen Fällen kann das Faß irreparable Schäden erleiden.

Sobald ein Faß leer wird, muß es gründlich geeinigt werden. Das Ausspülen, Ausbürsten sowie die Behandlung mit verschiedenen Holzfaßreinigungsmitteln ist unbedingt notwendig!

Ein Faßtürl erleichtert die Reinigungsarbeiten. Während der Leerstehzeiten ist auf die Außen- und Innenkonservierung besonders zu achten.

17.1.1 Faßreinigung

Konservierung leerer Holzfässer

Trockenkonservierung

monatliches Abbrennen
von Schwefelschnitten

200 l . . . 1 Schnitte
400 l . . . 1,5 Schnitten
800 l . . . 2 Schnitten
1600 l . . . 3 Schnitten

Naßkonservierung

gesamtes Faß wird
mit einer 0,05%igen
Schwefellösung befüllt

1 l Schwefelige Säure
auf 100 l Wasser

* ständig füllbereit
* kein monatlicher Schwefeleinschlag
* Vorbeugung gegen faßbedingte Fehler

Näheres über die Wirkungsweise des Schwefels, siehe „Schwefelung“!

Leer gewordene Holzfässer, in denen gesunder blanker Gärmost gelagert wurde, sind einfach zu reinigen. Sie brauchen lediglich gründlich ausgespült zu werden und sind anschließend wieder füllbereit. Erfolgt die nächste Füllung erst in einigen Wochen oder Monaten, so sind Holzfässer entweder naß oder trocken zu konservieren.
Schwieriger wird die Reinigung von Holzfässern, in welchen Gärungsgeläger vorhan-

den sind. Geläger, die noch nicht eingetrocknet sind, lassen sich relativ leicht reinigen. Ausspülen, Ausbürsten und letztendlich eine Behandlung mittels Heißwasser in Verbindung mit Gerbstoffina entfernt hartnäckige Geläger wirkungsvoll. Gerbstoffina tötet die in den Holzzellen noch vorhandenen Hefezellen ab. Abschließend Wässern bis zur Geschmacksfreiheit nicht vergessen!

17.1.2 Behandlung kranker Holzfässer

Durch unsachgemäße Behandlung von Most oder Holzfaß, können sich Schimmel oder Bakterien vermehren und das Faßholz vernichten.

Schimmelbefall

Ungeschützte Fässer in feuchten Kellern werden sehr schnell vom Schimmelpilz befallen. Hier hat eine entsprechende Außen- und Innenkonservierung besondere Bedeutung.
Die Außenseite der Fässer soll ständig trocken gehalten werden (trockenwischen). Spezielle Faßöle schützen zusätzlich vor Schimmelbefall. Die Entfernung des **weißen Schimmels** ist möglich. Er macht sich durch einen dumpfen, muffigen Geruch im Faß und auch im Obstmost bemerkbar.

Behandlung:

Abbürsten (Faßtürl ist notwendig, ansonsten muß aufgeschlagen werden), mit kaltem Wasser abwaschen und anschließend mit Behandlungsmitteln, wie z. B. Gerbstoffina, behandeln. Schließlich wird auf Geschmacksfreiheit gewässert.
Holzfässer, die vom **grünen Schimmel** befallen sind, können fast nicht mehr ordnungsgemäß instandgesetzt werden. Nur ein Aushobeln mit anschließendem Weingrünmachen kann hier Abhilfe schaffen. Wenn das Schimmelgewebe jedoch tief im Holzfaß eingedrungen ist, muß das Faß verworfen werden.

Essigstichige Fässer

Holzfässer, in denen essigsticher Most gelagert hat, enthält in den Holzfasern Essigsäurebakterien. Diese müssen vor einer neuerlichen Befüllung abgetötet und entfernt werden.
Die wirkungsvollste Methode ist das Ausdämpfen. Dabei wird solange Dampf in das Faßinnere geleitet, bis sich die Außenseite warm anfühlt. Dadurch werden die Krankheitsbakterien abgetötet.
Durch Wässern und anschließender Sodabeize (2%ig) werden die Bakterien und deren Stoffwechselprodukte entfernt.
Anstelle des Dämpfens kann auch eine Schwefelung mit SO_2-Gas treten. Die anschließende Behandlung bleibt jedoch gleich.

Gewissenhafte Faßpflege erspart aufwendige Instandsetzungsarbeiten!

17.1.3 Das Weingrünmachen

Die Gerbsäuren, welche im neuen Faßholz enthalten sind, würden durch den Alkohol des Mostes ausgelaugt, wenn diese vor der ersten Befüllung nicht entfernt werden würden. Wird ein Holzfaß nicht „weingrün" gemacht, so würde es zu einer negativen Beeinflussung von Geruch und Geschmack des Mostes kommen. Aus diesem Grunde müssen die Gerbsäuren bei neuen Fässern, bevor sie zum erstenmal gefüllt werden, entfernt werden. Diesen Vorgang nennt man **„Weingrünmachen"**.

17.2 Kunststoffbehälter

Weich- und Hartplastiktanks werden in unterschiedlichsten Größen und Formen bis zu 1000 Liter gebaut. Diese müssen, da Alkohol und Säuren einwirken, lebensmittelecht sein.

Sie zeichnen sich aus durch:

* Geringes Gewicht
* Geringe Anschaffungskosten
* Leichte Handhabung
* Leichte Reinigung

Für den häuslichen Obstmostbereiter sowie für Restmengen oder als Manipulationsgefäß sind diese Behälter gut geeignet.

17.3 GFK-Tanks (Glasfaserverstärkte Polyestertanks)

Diese sind in allen Formen und Größen erhältlich. Sie bilden einen guten Kompromiß zwischen Preis und Leistung. Reinigung und Pflege sind relativ einfach. Da das GFK-Material anorganisch ist, braucht man auch keine bakteriellen Infektionen befürchten. Vorsicht ist allerdings bei der Behandlung der Innenauskleidung angebracht. Diese darf durch Schläge nicht beschädigt werden.

Je glatter die Innenflächen, desto hochwertiger ist der Behälter.

Vorgang: Weingrünmachen von Holzfässern

17.4 Edelstahltanks

Von der Lebensdauer, vom Pflegeaufwand und letztendlich von der Qualität sind sie sicher das Beste, was am Markt angeboten wird. Demgegenüber steht der hohe Preis.

Glasfaserverstärkte Kunststofftanks mit Mannloch, Klar- und Restablauf

Zubehör wie Füllstandsanzeige und Kosterhähnchen sind zu empfehlen, da sie die Kellerarbeit erheblich erleichtern.

18. Mostuntersuchungsmethoden

18.1 Säuremessung

Die einfachste Methode zur Bestimmung des Säuregehaltes ist die mit der Blaulauge. Die Genauigkeit hängt aber wesentlich vom Alter und von der Lagerung der Blaulauge ab (nähere Beschreibung, siehe Kapitel „Preßsafteintellung“). Wird vergorener Obstmost auf den Säuregehalt hin untersucht, so muß dieser zuvor leicht erhitzt werden, damit die enthaltene Kohlensäure entweichen kann. Anschließend muß der zu untersuchende Most wiederum auf 20° C gekühlt werden. Erst dann darf die Säurebestimmung durchgeführt werden.

18.2 Alkoholmessung

Als einfache und für den Praktiker als ausreichend genaue Methode hat sich die Bestimmung des Alkoholgehaltes mit dem Maligandgerät (Ebullioskop) bewährt.

Prinzip
Die Untersuchung basiert auf der Bestimmung des Siedepunktes.
Je höher der Alkoholgehalt einer Flüssigkeit ist, desto niedriger ist deren Siedepunkt.
Da der Siedepunkt einer Flüssigkeit luftdruckabhängig ist, muß das Gerät vor einer Untersuchung mit Wasser geeicht werden.

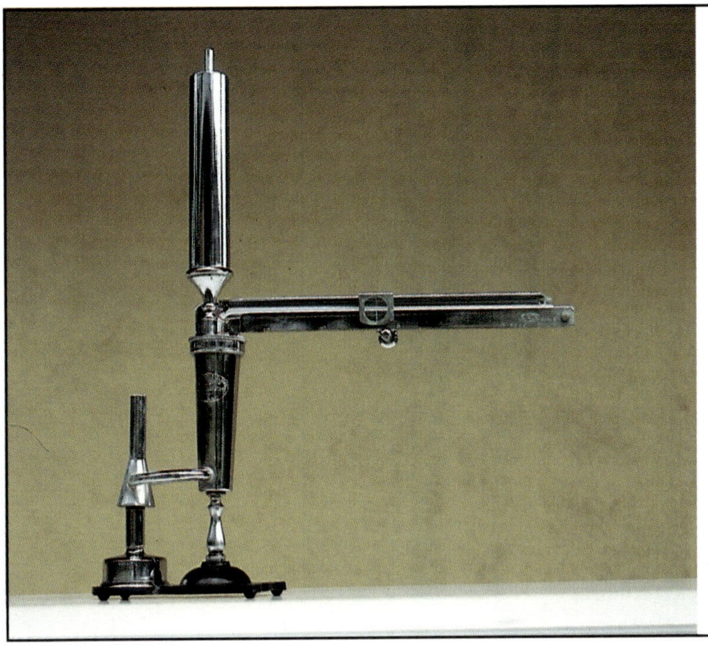

Maligandgerät zur Alkoholbestimmung

18.3 Schwefelbestimmung

Bei der **Bestimmung nach DR. REBELEIN** werden Reagenzlösungen verwendet, die eine einfache, aber auch sehr genaue Bestimmung des Gesamt- und des freien Schwefels ermöglichen. Wie bei der Blaulauge, ist auch hier auf das Alter der Reagenzlösungen zu achten, da sonst Fehlmessungen auftreten können.

Die **Bestimmung des Schwefelgehaltes mit dem SO_2-Reagenz (Jodstärkelösung)** ist wegen seiner Ungenauigkeiten nicht zu empfehlen.

19. Gesetzliche Grundlagen der Obstmosterzeugung

Obstmost unterliegt dem österr. Weingesetz von 1985 nach der Novelle von 1991 und wird im besonderen in den §§ 34, 35, 36 und 36a behandelt.

Grenzwerte
* Mind. 4 Vol.-% Alkohol
* Höchstens 8 Vol.-% Alkohol (inkl. des auf Alkohol umgerechneten Zuckerrestes)
* Mind. 4‰ Säure
* Höchstens 50 mg/l freier Schwefel
* Höchstens 200 mg/l Gesamtschwefel
* Mindestens 16 g zuckerfreier Extrakt/l

Obstmost darf nur aus Kernobst (Apfel, Birne) erzeugt werden. Das Vermischen mit Traubenwein, Beeren- oder Steinobstwein ist verboten!

Gestattet ist:
* Das Zusetzen von Zitronensäure
* Das Aufzuckern sowie das Zusetzen von Dicksaft in dem Ausmaß, daß der Alkoholgehalt im vergorenen Getränk nicht mehr als 8 Vol.-% enthält (inkl. des auf Alkohol umgerechneten Zuckerrestes)
* Das Strecken der Maische und des Saftes mit Wasser, wobei der zuckerfreie Extrakt von 16 g/l nicht unterschritten werden darf
* Das Auffärben mit Zuckercoleur
* Das Zusetzen von Hefenährsalzen

Obstwein unterliegt dem Weingesetz und somit auch den entsprechenden Strafbestimmungen. Der **Bundeskellereiinspektor** überwacht den Verkehr mit Wein und Obstwein. Dieser hat auch das Recht, in allen Betrieben, in denen Wein, Obstwein oder Weinbehandlungsmittel erzeugt oder gelagert werden Nachschau zu halten.
Geschäftsaufzeichnungen, Lieferscheine etc. sind ihm auf Verlangen vorzulegen. Weiters kann er **Proben** entnehmen.
Über **Probenentnahmen, Beschlagnahmung, Verfügungsrecht** und **gerichtliche Strafen** gibt das Weingesetz in den Paragraphen 39, 40, 41, 61 und 65 Auskunft.

Die Kenntnis der geltenden Bestimmungen ist für jeden Mostproduzenten eine Notwendigkeit. Er kann damit sowohl Beanstandungen vermeiden als auch die ihm zur Verfügung stehenden Möglichkeiten voll ausschöpfen. Jeder Mostproduzent sollte sich daher eine Ausgabe der jeweils gültigen Fassung des Weingesetzes anschaffen.

Seit 1. August 1992 ist es möglich, seinen Obstmost als „Qualitätsobstwein“ oder „Qualitätsobstmost“ zu bezeichnen. Bei der Herstellung sind genaue Richtlinien und Anforderungen zu erfüllen.
Will jemand Qualitätsobstwein herstellen, so hat er dies der Bundeskellereiinspektion (Bezirkshauptmannschaft) anzuzeigen.

Genaue Auskünfte über das Weingesetz erteilen die zuständigen Stellen!

IV. Fruchtsaft-(Süßmost)bereitung

Schema: Fruchtsaft-(Süßmost)bereitung

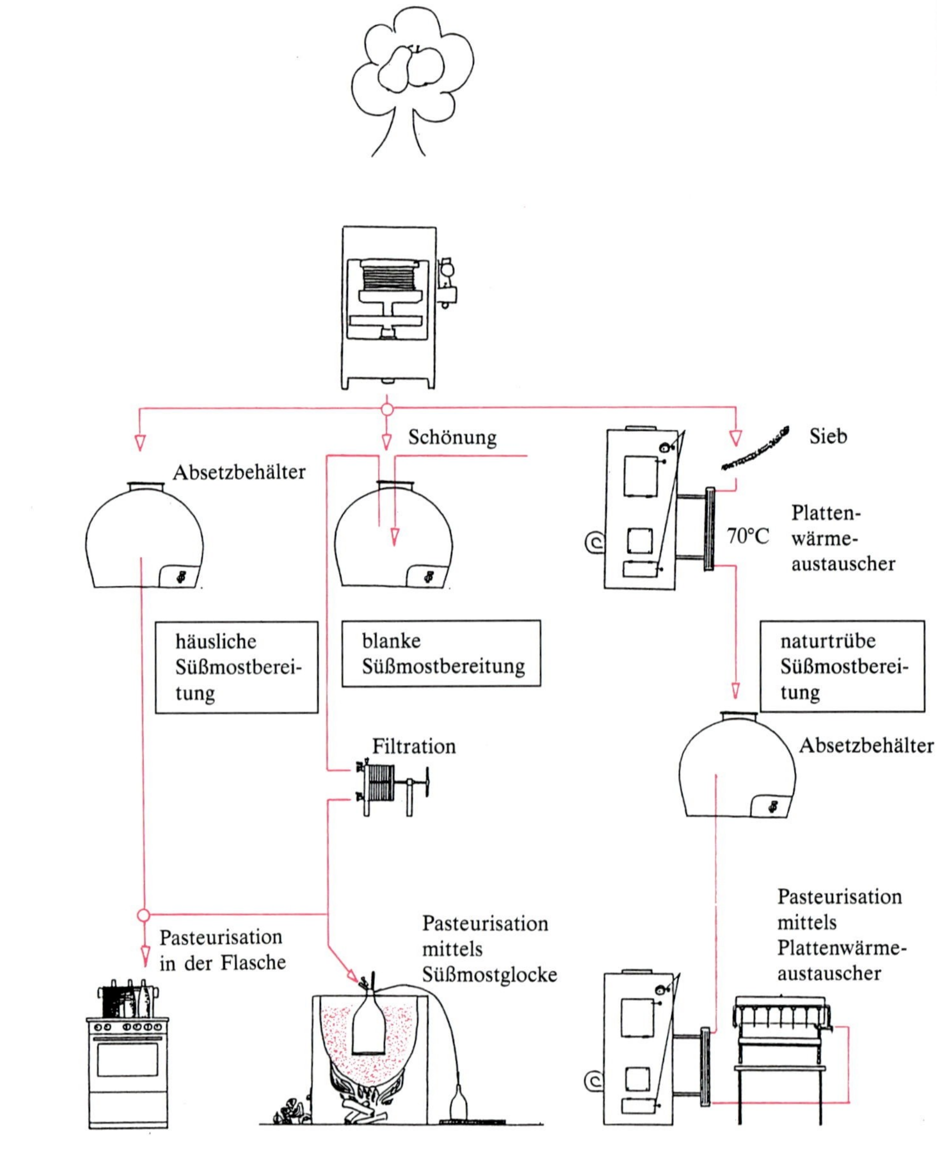

1. Rohstoffauswahl

Wie auch bei der Gärmostbereitung, ist auf das Ausgangsmaterial besonderer Wert zu legen. Das Obst soll reif, jedoch nicht überreif sein.
Durch genaues Waschen wird nicht nur Schmutz beseitigt, sondern auch Schimmelpilze, die Giftstoffe bilden (z. B. Aflatoxine), werden entfernt. Es ist daher unbedingt notwendig, angefaultes und schimmeliges Obst auszusortieren.
Süßmost enthält wertvolle Fruchtsäuren und unterschiedliche Zuckerarten. Die Harmonie des Fruchtsaftes hängt im wesentlichen von diesen beiden Faktoren ab. Äpfel sind meist säurereicher – Birnensäfte enthalten mehr Zucker. Da eine erfrischende Wirkung erwünscht wird, eignen sich säurereichere Äpfel zur Süßmostproduktion besser.

2. Fruchtsaft als Kurmittel

Reiner Apfelsaft wird auch als Kurmittel eingesetzt. Neben den wertvollen Inhaltsstoffen enthält vor allem naturtrüber Apfelsaft einen großen Anteil an Pektin. Pektine können im Darm Schadbakterien, Schadviren und Schadpilze binden, inaktivieren und ausscheiden.
Aber auch Cholesterin- und Blutfettwerte können durch den gezielten Einsatz von Süßmost reduziert werden.
Durch schonende Behandlung und richtige Lagerung, müssen diese wertvollen Inhaltsstoffe und Eigenschaften erhalten werden.

3. Haltbarmachen durch Erhitzung

Der frisch gepreßte Saft kann innerhalb kürzester Zeit durch Mikroorganismen (Pilze, Hefen, Bakterien etc.) befallen werden. Es ist daher notwendig, diesen Saft rasch durch eine schonende Behandlung haltbar zu machen (zu konservieren).
Neben dem Einfrieren des Saftes kommt nur die Konservierung mittels Erhitzung in Frage. Dadurch werden die Mikroorganismen abgetötet. Der Saft ist steril. Nur Sporen von Schimmelpilzen könnten eventuell überleben, wenn die Flasche nicht vollkommen gefüllt wurde und deshalb noch Sauerstoff vorhanden ist.
Die Pasteurisationstemperatur soll 78° C betragen. Unter 70° C beginnt der Saft wieder

zu gären. Über 80° C tritt ein leichter Kochgeschmack auf, auch wichtige Inhalts- und Aromastoffe werden ebenfalls geschädigt.
Je höher der Säuregehalt (über 7 Promille), desto leichter ist es, den Saft haltbar zu bekommen, da die Säure auf Mikroorganismen hemmend wirkt.
Säfte mit geringem Säuregehalt (Birnensäfte) sind vor allem gegen den Schimmelpilz der Gattung **Mucor** anfällig. Er bildet, beginnend in der Flaschenmitte, wattebauschähnliche Fäden.
Das Einhalten der Pasteurisationstemperatur von 78° C ist daher für die Haltbarkeit des Produktes von entscheidender Wichtigkeit.

Methoden der Safterhitzung
Ausschlaggebend für die Wahl wird die zu verarbeitende Preßsaftmenge sein. Für den Hausgebrauch eignet sich die Methode der Flaschenpasteurisation.

3.1 Flaschenpasteurisation

Für kleinere Mengen ist das Erhitzen der gefüllten Süßmostflasche im Wasserbad möglich.
Der kalte Preßsaft wird in saubere Flaschen gefüllt. Die Flaschen sollen das gleiche Volumen sowie die gleiche Höhe aufweisen. Unverschlossen werden diese in das Wasserbad gestellt. Am Boden des Topfes muß ein Holzrast vorhanden sein – die Flasche darf nicht direkt mit dem heißen Kesselboden in Berührung kommen. In einer der Flaschen, die möglichst in der Mitte des Kessels stehen soll, wird ein Stabthermometer gegeben. Dieser soll die Temperatur der Flaschenmitte messen (mit Gummiring fixieren, damit er nicht zu tief in die Flasche einsinkt).
Wird die Pasteurisationstemperatur von 78° C erreicht, so wird die Flasche herausgenommen und verschlossen.

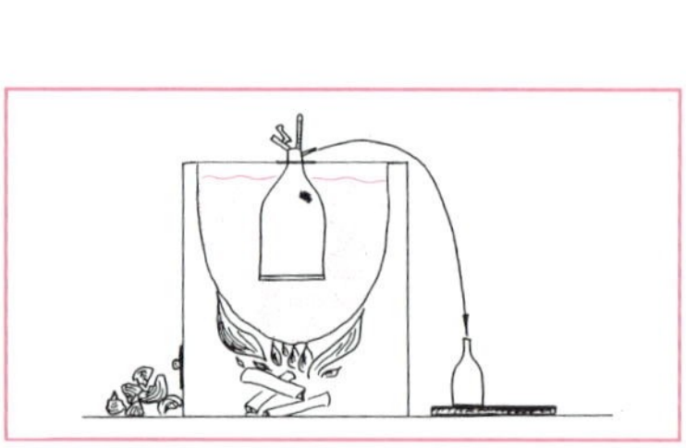

3.2 Pasteurisation mittels Süßmostglocke

Die Süßmostglocke ist ein doppelmanteliges Gefäß. Sie wird in einen mit Wasser gefüllten großen Topf, Wasserkessel, Dämpfer oder elektrisch aufheizbaren Kessel eingehängt. Von einem Hochbehälter fließt der Süßmost durch die Glocke und erhitzt sich. Ein Thermometer an der Auslaufseite sowie ein Regulierhahn auf der Einlaufseite ermöglichen ein genaues Abstimmen auf die Pasteurisationstemperatur.

3.3 Pasteurisation mittels Plattenwärmeaustauscher

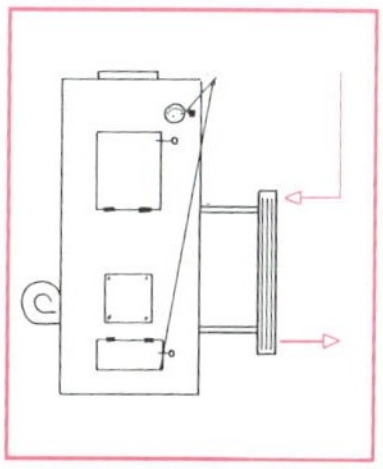

Für größere Mengen (150 l/h aufwärts) eignet sich ein Plattenwärmeaustauscher. Diese sind in verschiedenen Größen und Leistungsstufen erhältlich.
Der Preßsaft wird durch feine Kanäle geleitet. Im Gegenstromprinzip wird in einem benachbarten Kanal Heißwasser geleitet. Durch den engen Kontakt der Kanäle zueinander erwärmt sich der Süßmost. Durch die Fließgeschwindigkeit einerseits und die Wassertemperatur andererseits kann die Menge des zu pasteurisierenden Fruchtsaftes reguliert werden. Da für diese Art der Haltbarmachung ein großer Wärmebedarf notwendig ist, dient ein starker Heizungskessel als Wärmequelle.
Auch kompakte transportable, kleinere Anlagen, die mit Gas beheizt werden und für den überbetrieblichen Einsatz gedacht sind, sind im Handel.

3.4 Elektrisches Süßmostpasteurisationsgerät

Dies ist eine Art Dampfdruckkochtopf mit eingebauter Durchlaufspirale. Der Süßmost fließt durch die eingebaute Spirale und erhitzt sich auf Pasteurisationstemperatur. Als zusätzliche Heizquelle können eine Kochplatte oder ein Elektroherd dienen.

4. Das Verschließen

Die Flaschen sind randvoll mit Saft zu füllen. Durch das Verschließen und Abkühlen entsteht im Inneren ein Vakuum. Zum Verschließen sind Kronenkorke (Kapsel) bzw. Gummikappen am geeignetsten. Natur und Preßkorke können durch das entstandene Vakuum nach innen eingezogen werden.
Gummikappen sollten, bevor sie verwendet werden, gereinigt und in Heißwasser oder in 2%iger Schwefeliger Säure sterilisiert werden.
Kronenkorke brauchen vorher nicht sterilisiert werden, wenn man die Flaschen sofort nach dem Verschließen legt oder stürzt, damit sich die eventuell vorhandenen Luftblasen durch den Saft bewegt und der heiße Saft den Innenteil des Korkens berührt.

5. Abkühlen

Nachdem der Saft auf 78° C erhitzt, die Flasche verschlossen und gestürzt wurde, ist ein rasches Abkühlen zu empfehlen. Es genügt bereits, wenn die Flasche zum Abkühlen ins Freie gestellt wird.
Durch eine rasche Abkühlung werden die Aromastoffe weniger geschädigt.
Das früher übliche lange Warmhalten und Abdecken der Flaschen ist nicht anzuraten, es sei denn, die 78° C-Pasteurisationstemperatur wurde nicht erreicht. Dann kann durch eine lange Warmhaltephase eine Haltbarmachung erreicht werden (Aroma- und Geschmacksstoffe gehen aber verloren).

6. Arten der Fruchtsaft-(Süßmost)bereitung

6.1 Häusliche Fruchtsaft-(Süßmost)bereitung

Wo	Was	Warum/Was geschieht dadurch
Rohware	nur gesundes reifes Obst verwenden Obst waschen und aussortieren	nur aus einem gesunden, reifen und sauberen Ausgangsmaterial läßt sich ein gutes Endprodukt herstellen
Presse	mittels Packpresse abpressen	schonende Behandlung bei gleichzeitig geringem Trubanfall
Absetzbehälter	der Preßsaft bleibt in einem kühlen Raum 12 Stunden stehen	Trubbestandteile können sich am Faßboden absetzen
Süßmostglocke	Erhitzen auf 76 bis 78° C	Hefen und Keime werden abgetötet, der Saft kann nicht mehr zu gären beginnen
Flasche	gänzliches Befüllen von sauberen Flaschen	durch den heißen Süßmost wird die Flascheninnenseite von alleine sterilisiert
Rückkühlung	rasche Rückkühlung auf Zimmertemperatur	Geschmacks- und Aromastoffe bleiben erhalten

Durch das einfache Absetzen des großen Trubbestandteiles von ca. 12 Stunden ohne vorhergehender Kieselsol-Gelatineschönung wird der Fruchtsaft nicht vollkommen blank. Für den häuslichen Gebrauch ist diese Art der Haltbarmachung jedoch ausreichend. **Es muß aber damit gerechnet werden, daß sich am Flaschenboden durch die Lagerung ein Trubdepot bildet.**

6.2 Blanke Fruchtsaft-(Süßmost)bereitung

Wo	Was	Warum/Was geschieht dadurch
Rohware	nur gesundes, reifes Obst verwenden Obst waschen und aussortieren	nur aus einem gesunden reifen und sauberen Ausgangsmaterial läßt sich ein gutes Endprodukt herstellen
Presse	mittels Packpresse abpressen	schonende Behandlung bei gleichzeitig geringem Trubanfall
Absetzbehälter	Zugabe von: **20 ml eines flüssigen pektolytischen Enzyms bei 15° C** 2 h warten **10 g Pulvergelatine oder** **2 g Hausenblase** ½ h warten **100 ml eines 15%igen Kieselsolpräparates** ½ h warten **200 g Mischbentonit** 12 Stunden im Absetztank stehen lassen (näheres s. Kap. „Schönung“)	Pektine werden aufgespalten – der Trub kann sich schneller absetzen; gut durchmischen!!! Trubbestandteile werden durch die Kieselsol-/Gelatineschönung gebunden und zu Boden gerissen; Mindesttemperatur ist 10° C; wenn diese nicht erreicht sind, muß der Preßsaft erwärmt werden. Eiweiß wird gebunden, die gebundenen Trubbestandteile können sich absetzen
Filter	Filtration mittels Schichtenfilter	mechanische Trennung
Süßmostglocke/ Plattenerhitzer	Erhitzen auf 76–78° C	Hefen und Keime werden abgetötet
Flasche	Abfüllen in saubere Flaschen; randvoll füllen	
Rückkühlung	rasche Rückkühlung auf Zimmertemperatur	Geschmacks- und Aromastoffe bleiben erhalten

Diese Angaben sind Standardangaben, bei Änderungen der Produktionsbedingungen kann sich die Reihenfolge und die Aufwandmenge ändern.

Nachdem zur Maische oder zum Preßsaft ein pektolytisches Enzym beigegeben wurde, wird Kieselsol und später . . .

. . . Gelatine eingerührt. Beides mittels Bohrmaschinenrührwerk gut einrühren!

Nach 12 Stunden Absetzzeit wird der Süßmost abfiltriert.

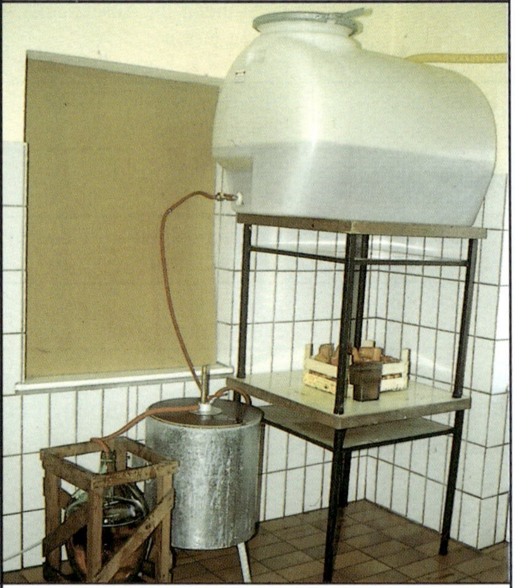

Die Pasteurisation erfolgt hier mittels Süßmostglocke bei 78° C.

6.3 Naturtrübe Fruchtsaft-(Süßmost)bereitung

Wo	Was	Warum/Was geschieht dadurch
Rohware	nur gesundes reifes Obst verwenden Obst waschen und aussortieren	nur aus einem gesunden reifen und sauberen Ausgangsmaterial läßt sich ein gutes Endprodukt herstellen
Presse	mittels Packpresse abpressen	schonende Behandlung bei gleichzeitig geringem Trubanfall
Behandlung des Preßsaftes **sofort** nach der Presse	Entfernung der groben Fruchtbestandteile aus dem Preßsaft mittels Sieb (1–1,5 mm Siebstärke) sofortiges Erhitzen des Preßsaftes auf mindestens 78° C und Heißhaltezeit rasches Abkühlen	geringer Starktrubanfall, große Trubpartikel können nicht in Schwebe gehalten werden fruchteigene Enzyme werden gehemmt, der Trub kann sich dadurch nicht absetzen Geschmacks- und Aromastoffe werden dadurch nicht stark geschädigt
Absetztank	der erhitzte und wieder abgekühlte Preßsaft bleibt 12 Stunden im Absetztank stehen	schwere Trubbestandteile können sich dadurch noch absetzen
Plattenerhitzer/ Süßmostglocke	Erhitzen auf 76–78° C	Hefen und Keime werden abgetötet
Flasche	Abfüllen in saubere Flaschen	
Rückkühlung	rasche Rückkühlung auf Zimmertemperatur	Geschmacks- und Aromastoffe bleiben erhalten

Als gesetzliche Grundlage zur Erzeugung und Bezeichnung von Fruchtsäften dient in Österreich das österreichische Lebensmittelbuch (Codex Alimentarius Austriaticus) Kap. B7.

V. Werbung

Es ist nicht möglich, im Rahmen dieses Buches Werbestrategien und Marketingmaßnahmen zu entwickeln. Jeder einzelne Betrieb hat andere Möglichkeiten, andere Absatzmärkte und muß somit auch andere Werbemaßnahmen setzen.

Der Bauer muß lernen, sich am Markt zu bewegen!

Wichtige Überlegung zur Werbung

Zuerst überlegen, welche Produkte, welche Dienstleistungen beworben werden sollen. Man kann nur werben, wenn man weiß, was beworben werden soll!

Folgend sollen nur einige wenige, einfach zu erfüllende Werbemaßnahmen aufgezählt werden:

* Einheitliches Erscheinungsbild (Hofname, Etiketten, Briefpapier, etc.)
* Hofprospekt
* Flugblätter
* Verkaufsraum
* Verkaufsgespräch
* Angebotspalette – Hofspezialitäten
* Ordentliches schönes Erscheinungsbild des Hofes

Vor allem dann, wenn der Betrieb mit einem Spezialprodukt als Vollerwerbsbetrieb bestehen will, ist Werbung unumgänglich. Es wird den Bauern immer geben, solange er für den Markt produziert. Qualität ist der wichtigste Maßstab – sie muß mit dem Produzenten in Verbindung gebracht werden.

Qualität statt Quantität!

VI. Begriffserklärungen

Abstich
Ist das Umfüllen des Mostes von einem Faß in ein anderes zwecks Trennung vom Geläger bzw. vom Schönungstrub oder um mikrobiologische Vorgänge zu unterbrechen

Acetaldehyd
Ein unerwünschtes Gärnebenprodukt; es wird durch Schwefel abgebunden

Bakterieller Säureabbau
Abbau der Apfelsäure zur weniger „sauren" Milchsäure, wodurch die titrierbare Säure abnimmt. Verursacht durch Bakterien; dabei wird CO_2 frei

Bentonit
Vermahlener Ton, welcher als Schönungsmittel zur Eiweißbindung verwendet wird

Bentotest
Test, um Eiweiß nachzuweisen

Blankasit
15%iges Kieselsolpräparat – für die Kombinationsschönung mit Gelatine

CO_2-Imprägnierung
Anreicherung des Getränkes mit Kohlensäure, damit es spritzig und frischer wird

Doppelsalzentsäuerung
Durch die Bindung von Wein- und Apfelsäure kann der Säuregehalt vermindert werden. Laut österr. Weingesetz ist diese Entsäuerungsmethode nicht erlaubt.

EK-Filtration
Entkeimungsfiltration, findet bei der Flaschenfüllung oder bei bakterienkranken Mosten Anwendung

Entschleimung
Stehenlassen des Preßsaftes von ca. 12 Stunden, damit sich Trubbestandteile absetzen können. Danach wird umgezogen ins Gärfaß. Die Gärung verläuft dadurch reintöniger, aber auch langsamer.

Enzyme
Stoffe, die in lebenden Zellen gebildet werden. Sie steuern z. B. die Verdauung und den Stoffwechsel des Organismus. In der Obstverarbeitung werden Enzyme eingesetzt, die das Pektin zerlegen (= Pektinasen).

Essigsäure
Flüchtige Säure, welche hauptsächlich durch Bakterien, aber auch durch Hefen entsteht – unerwünscht

Fermente
Siehe Enzyme

Freie Schwefelige Säure
Ungebundener und somit aktiver Anteil des Schwefels im Gärmost

Gärspund
Verhindert, daß während der Gärung Sauerstoff in das Gärfaß eindringen kann – andererseits ermöglicht er, daß die Gärgase entweichen können. Gefüllt wird er mit Alkohol oder mit Wasser (muß dann des öfteren gewechselt werden)

Gebundene Schwefelige Säure
Anteil des Schwefels, welcher an Acetaldehyd und anderen Stoffen gebunden und somit inaktiv ist

Gelita-klar
20%ige flüssige Gelatine, welche hauptsächlich zur Klärschönung eingesetzt wird

Gerbinol
15%iges Kieselsolpräparat, welches nur in Verbindung mit Gelatine eingesetzt werden kann. Gerbinol bindet besonders stark Gerbstoffe, so daß vor allem bei Birnenmosten dieses Schönungsmittel eingesetzt wird.

Gerbstoffe
Verursacher des herben Geschmackes. Der Gehalt bei Birnenmosten ist oftmals relativ hoch. Gerbstoffe können mit Eiweiß Verbindungen eingehen (weißer Bruch), die dann zu Trübungen führen können.

Gesamtschwefel
ergibt sich aus freiem und gebundenem Schwefel, gesetzl. Grenzwert: 200 mg/l

Glycerin
Erwünschtes Gärnebenprodukt, verleiht dem Most Körper und Fülle

Hefe
Einzellige Lebewesen, die durch Enzyme Zucker in Alkohol umwandeln (Verursacher der Gärung)

Histamin
Unerwünschtes Gärnebenprodukt; Verursacher von Kopfschmerzen

Immervoll-Tank
Durch einen absenkbaren Tankdeckel kann das Faß „immer voll" gehalten werden. Die Nachteile eines angebrochenen Fasses werden somit vermieden.

Impellerpumpe
Druckelastische Mostpumpe – für die Schichtenfiltration notwendig

Kaltgärhefe
Reinzuchthefestamm, der auch bei geringen Temperaturen (bis 4° C) noch Zucker in Alkohol umwandeln kann

Kaltsterile Flaschenfüllung
Mostschädliche Hefen werden durch Entkeimungsfiltration entfernt. Die gesamte Anlage (Filter, Leitung, Füller) muß zuvor desinfisziert werden – mit Dampf oder chemischen Desinfektionsmitteln auf Wasserstoffperoxydbasis

Kieselgur
Erdig-graue Masse, die aus abgelagerten Kieselalgen gewonnen wird und als Filtermittel bei der Kieselgurfiltration dient.

Kieselsol
Wird als 15%iges bzw. als 30%iges Präparat in Kombination mit Gelatine als Schönungsmittel angewandt

Mäuseln
Krankheit, die vor allem bei säurearmen unterschwefelten Mosten auftritt. Verursacher sind eine schleppende Gärung sowie eine Unterart von Milchsäurebakterien.

Nacalit
Ein Natrium-Calcium-Mischbentonit in granulierter Form; für die Schönung von Obstweinen gut geeignet.

Nachgärung
Unvergorener Restzucker beginnt bei Temperaturerhöhung, beispielsweise in der Flasche, nochmals zu gären – der Most trübt sich ein und verändert seinen Geschmack – es bildet sich erneut ein Hefegeläger.

Naßkonservierung
Das Holzfaß wird nach der Reinigung mit einer 0,05%igen Schwefeligen Säure spund-

voll gefüllt; Bis zur nächsten Verwendung bleibt das Holzfaß konserviert – das allmonatliche Einschlagen mit Schwefelschnitten entfällt.

Oechsle Grade
Neben den „Graden Klosterneuburg“ (KMW°) kann der Zuckergehalt des Preßsaftes auch in Oechsle-Graden angegeben werden: °KMW x 5 = °Oe

Oenotest
OENOS = Wein; Testreihe, um Inhaltsstoffe nachzuweisen (Pektine, Eiweiß etc.) bzw. um Schönungsreihen anzusetzen

Oxydation
Durch Sauerstoff eintretende Bräunungen, z. B. der Maische des Mostes

Pektin
Kittsubstanz, welche die Zellen in den Früchten zusammenhält; bewirkt das Gelieren der Marmelade oder verhindert das Absetzen des Trubes im Preßsaft – Pektin kann durch Enzyme abgebaut werden

pH-Wert
Ein pH-Wert von 7 bedeutet „neutral“, darüber laugenhaft und darunter sauer. Unser Most hat einen pH-Wert zwischen 3 und 4. Je niedriger der pH-Wert, desto haltbarer ist das Getränk.

Polyphenole
Gerbstoffe

Refraktometer
Optisches Meßinstrument zur Bestimmung der Zuckerkonzentration im Preßsaft

Schönung
Zugabe von Gelatine oder anderen Stoffen, um eine Klärung oder Bindung bestimmter Stoffe (Eiweiß, Geschmacksfehler) zu erreichen. Sowohl Schönungsmittel als auch der zu bindende Stoff finden sich im Schönungstrub wieder. Durch den Abzug vom Schönungstrub erfolgt die Trennung.

Süßreserve
Ist unvergorener Apfel- oder Birnensaft, welcher sterilisiert und eingelagert wird, um dann dem Gärmost kurz vor der Flaschenfüllung bzw. Ausschank beigegeben wird, damit ein gewünschter Restzuckergehalt erzielt wird.

Stabilisierung
Durch Schönung, Schwefelung und Filtration wird versucht, den Most über lange Zeit haltbar zu machen

Tannin
Anstelle von Kieselsol wurde früher Tannin in Kombination mit Gelatine verwendet; Tannin ist pulverförmig und hat die Fähigkeit, Gerbstoffe zu binden.

Trenolin
pektolytisches Enzympräparat (spaltet Pektine auf)

Umgärung
Ein mit einem Fehler behafteter Most (bakterienkranke Moste sind nicht geeignet) wird mit Süßmost vermischt und nochmals zur Gärung gebracht. 3 Teile Süßmost und 1 Teil Gärmost. Geschmacksfehler können so abgeschwächt werden; starke Geschmacksbeeinträchtigungen müssen zuvor mit Kohle geschmacksneutral behandelt werden.

Vorklären
siehe Entschleimen

Weingrünmachen
Bei neuen Holzfässern müssen die Gerbstoffe vor der ersten Füllung aus den Holzfasern gelaugt werden, da sonst sich diese Gerbstoffe im Most lösen. Am besten geschieht dies mit Dampf oder mit speziellen Mitteln.

Zuckerrest (Restzucker)
Unvergorener Zucker im Gärmost – kann entweder bei der Gärung übrig geblieben sein oder durch eine Süßreserve nachträglich erzielt werden. Das Problem bei Restzuckermosten ist ihre meist nichterreichbare Stabilität.

Literaturverzeichnis

Altmann, Hans und Arbeitsgemeinschaft: Kellerwirtschaft, Lern- und Arbeitsbuch für landw. Fachschulen, Österreichischer Agrarverlag, Wien, 2. Auflage 1982

Arauner, Paul/Veit, Martin: Kitzinger Weinbuch, Verlag Paul Arauner KG, Kitzingen/ Main 1982/83

Arauner, Paul: Weine und Säfte, Liköre und Sekt selbstgemacht, Falken Verlag GmbH, Niederhausen/Tn. 1985

Der Deutsche Weinbau; Görtges, Getränkelabor der Fa. Erslöh GesmbH&Co: „Der pH-Wert des Weines" 33/1984

Der Winzer; 41. Jahrgang, Oktober 1985: „Kaltsterilisation und kaltsteriles Weinabfüllen"

Vötsch, Josef: Obstsäfte, Süß- und Gärmost, Ribiselwein, Leopold Stocker Verlag, Graz 1989

Janovsky, Rudolf: Obstmost – Fruchtsäfte – Edelbrände, Agrarverlag, Wien 1987

Troost, Gerhard: Technologie des Weines, Verlag Eugen Ulmer, Stuttgart, 5. Auflage 1980

Schanderl – Koch – Kolb: Fruchtweine, Verlag Eugen Ulmer, Stuttgart, 7. Auflage 1981

Das österr. Weingesetz: Bundesgesetz über den Verkehr mit Wein und Obstwein (Weingesetz 1985) vom 24. Oktober 1985

Das österr. Weingesetz, nach der Novelle 1991

Dittrich, Helmut Hans: Mikrobiologie des Weines, Verlag Eugen Ulmer, Stuttgart 1977

Pischl, Josef: Schnapsbrennen heute, Leopold Stocker Verlag, Graz 1992

Mitteilungen der Eidgenössischen Forschungsanstalt für Obst, Wein und Gartenbau, Wädenswil, Flugschrift Nr. 23: Die Erreichung der Säureharmonie von Weinen und Obstweinen

Stichwortverzeichnis

O

P

Q

R

S

T

V

W

Z

Praxisbuch
KARL STÜCKLER
MET
HONIGWEINBEREITUNG
LEICHT GEMACHT!
LEOPOLD STOCKER VERLAG

VIERKA
Milchsäure
Vierka flüssige Reinzucht hefe Vierkose
VIERKA-Fermquick
ONEWE

VIERKA
Der gute Weingeist